# PROPOSTAS PEDAGÓGICAS PARA O ENSINO DE MÚSICA NA EDUCAÇÃO BÁSICA

Editora Appris Ltda.
1.ª Edição - Copyright© 2024 dos autores
Direitos de Edição Reservados à Editora Appris Ltda.

Nenhuma parte desta obra poderá ser utilizada indevidamente, sem estar de acordo com a Lei nº 9.610/98. Se incorreções forem encontradas, serão de exclusiva responsabilidade de seus organizadores. Foi realizado o Depósito Legal na Fundação Biblioteca Nacional, de acordo com as Leis nos 10.994, de 14/12/2004, e 12.192, de 14/01/2010.

Catalogação na Fonte
Elaborado por: Josefina A. S. Guedes
Bibliotecária CRB 9/870

| | |
|---|---|
| E734p<br>2024 | Ertel, Daniele Isabel<br>Propostas pedagógicas para o ensino de música na educação básica /<br>Daniele Isabel Ertel, Cristina Rolim Wolffenbüttel.<br>1. ed. – Curitiba: Appris, 2024.<br>119 p. ; 21 cm. – (Educação, tecnologias e transdisciplinaridade).<br><br>Inclui referências.<br>ISBN 978-65-250-5633-3<br><br>1. Música – Estudo e ensino. 2. Música – Educação básica.<br>I. Wolffenbüttel, Cristina Rolim. II. Título. III. Série.<br><br>CDD – 780.7 |

Livro de acordo com a normalização técnica da ABNT

**Appris** editora

Editora e Livraria Appris Ltda.
Av. Manoel Ribas, 2265 – Mercês
Curitiba/PR – CEP: 80810-002
Tel. (41) 3156 - 4731
www.editoraappris.com.br

Printed in Brazil
Impresso no Brasil

Daniele Isabel Ertel
Cristina Rolim Wolffenbüttel

# PROPOSTAS PEDAGÓGICAS PARA O ENSINO DE MÚSICA NA EDUCAÇÃO BÁSICA

# FICHA TÉCNICA

| | |
|---|---|
| EDITORIAL | Augusto Coelho |
| | Sara C. de Andrade Coelho |
| COMITÊ EDITORIAL | Marli Caetano |
| | Andréa Barbosa Gouveia - UFPR |
| | Edmeire C. Pereira - UFPR |
| | Iraneide da Silva - UFC |
| | Jacques de Lima Ferreira - UP |
| SUPERVISOR DA PRODUÇÃO | Renata Cristina Lopes Miccelli |
| ASSESSORIA EDITORIAL | Jibril Keddeh |
| REVISÃO | Isabel Tomaselli Borba |
| PRODUÇÃO EDITORIAL | Bruna Holmen |
| DIAGRAMAÇÃO | Jhonny Alves dos Reis |
| CAPA | João Vitor |

## COMITÊ CIENTÍFICO DA COLEÇÃO EDUCAÇÃO, TECNOLOGIAS E TRANSDISCIPLINARIDADE

DIREÇÃO CIENTÍFICA **Dr.ª Marilda A. Behrens (PUCPR)**

**Dr.ª Patrícia L. Torres (PUCPR)**

CONSULTORES Dr.ª Ademilde Silveira Sartori (Udesc)

Dr.ª Ángel H. Facundo
(Univ. Externado de Colômbia)

Dr.ª Ariana Maria de Almeida Matos Cosme
(Universidade do Porto/Portugal)

Dr. Artieres Estevão Romeiro
(Universidade Técnica Particular de Loja-Equador)

Dr. Bento Duarte da Silva
(Universidade do Minho/Portugal)

Dr. Claudio Rama (Univ. de la Empresa-Uruguai)

Dr.ª Cristiane de Oliveira Busato Smith
(Arizona State University /EUA)

Dr.ª Dulce Márcia Cruz (Ufsc)

Dr.ª Edméa Santos (Uerj)

Dr.ª Eliane Schlemmer (Unisinos)

Dr.ª Ercilia Maria Angeli Teixeira de Paula (UEM)

Dr.ª Evelise Maria Labatut Portilho (PUCPR)

Dr.ª Evelyn de Almeida Orlando (PUCPR)

Dr. Francisco Antonio Pereira Fialho (Ufsc)

Dr.ª Fabiane Oliveira (PUCPR)

Dr.ª Iara Cordeiro de Melo Franco (PUC Mir

Dr. João Augusto Mattar Neto (PUC-SP)

Dr. José Manuel Moran Costas
(Universidade Anhembi Morumbi)

Dr.ª Lúcia Amante (Univ. Aberta-Portugal)

Dr.ª Lucia Maria Martins Giraffa (PUCRS)

Dr. Marco Antonio da Silva (Uerj)

Dr.ª Maria Altina da Silva Ramos
(Universidade do Minho-Portugal)

Dr.ª Maria Joana Mader Joaquim (HC-UFPR)

Dr. Reginaldo Rodrigues da Costa (PUCPR)

Dr. Ricardo Antunes de Sá (UFPR)

Dr.ª Romilda Teodora Ens (PUCPR)

Dr. Rui Trindade (Univ. do Porto-Portugal)

Dr.ª Sonia Ana Charchut Leszczynski (UTFP

Dr.ª Vani Moreira Kenski (USP)

*Dedicamos este estudo a todas e todos os(as) educadores(as) musicais que atuam com o ensino de Música em escolas de educação básica produzindo atividades e práticas pedagógicas significativas para estudantes do Ensino Fundamental - Anos Finais, especialmente os(as) professores(as) de Música que atuam na Rede Municipal de Ensino de Porto Alegre, RS, e que estão compartilhando dessa experiência desafiadora em seus espaços de ensino.*

"Fazer música é tão vital quanto respirar. Fazer música juntos então é pulsar na mesma sintonia, no mesmo tom, na mesma harmonia. Música, aceita sinceramente a diversidade, as cores, os gêneros, e consegue criar beleza com dissonâncias, com contrapontos, com distorções".

Guto Maia Baptista

# PREFÁCIO

Conheci Daniele e Cristina na Rede Municipal de Ensino de Porto Alegre, Rio Grande do Sul (RME/POA) e o destino me possibilitou trabalhar junto de Daniele em suas primeiras experiências docentes. Foi justamente o acompanhar dessa caminhada que fez com que eu fosse a escolhida para a escrita deste prefácio, e de antemão já sinalizo o quanto me sinto honrada com o convite e preocupada! São duas profissionais de grande excelência e amor pelo ensino da Música e, já de princípio, tenho medo que palavras me faltem para demonstrar tamanha admiração.

O livro *Propostas Pedagógicas para o Ensino de Música na Educação Básica* se propõe a trazer muitas das experiências vividas por Daniele em sua pesquisa de mestrado junto a escolas da cidade de Porto Alegre, em que, por meio de seu trabalho investigativo, pôde apontar que o engajamento dos(as) alunos(as) emergia do interesse deles(as) pela proposta do momento e pela proximidade com sonoridades que lhes fossem comuns no dia a dia, pois não enxergavam a disciplina de Música como algo significativo na sua formação, mas, sim, como um hobby. A partir da proposta desenvolvida por Daniele em nossa escola, foi perceptível a adesão dos(as) alunos(as) às aulas, a partir do encantamento após ouvirem suas próprias criações.

As ideias trazidas neste livro trabalham de forma leve, criativa, didática e esperançosa estratégias possíveis para a execução de um belo trabalho em educação musical, para que no dia a dia o(a) professor(a) continue a instigar em seus(as) alunos(as) o desejo de aprender. Sabemos que os cursos de graduação na área da Educação nem sempre conseguem trazer segurança aos(as) acadêmicos(as) para o desenvolvimento das práticas docentes e, por muitas vezes, a exploração desse universo acontece na prática, em espaço e tempo exíguos que podem nos deixar um sentimento de incompetência no desenvolvimento das propostas. Mediante os escritos de Daniele e Cristina, veremos que caminhos simples criados a partir dos interesses dos(as) nossos(as) alunos(as) trazem potência e significado às aulas de Música.

Educação é um exercício permanente. Durante sua pesquisa, Daniele manteve convivência carinhosa com seus(as) alunos(as) e soube instigar neles(as) uma postura autônoma, curiosa e, ao mesmo tempo, provocativa, trazendo-os(as) como protagonistas dentro das propostas desenvolvidas. Essa postura ajudou a construir um ambiente favorável ao desenvolvimento das produções artísticas dos(as) educandos(as), que passaram a compreender a força e importância de seus saberes. O que por eles(as) era trazido sempre foi incorporado nas práticas pedagógicas desenvolvidas, mostrando que o(a) educador(a) também deve estar aberto a mudanças de rota em seus planejamentos.

Num momento de desvalorização da cultura e do trabalho do(a) professor(a) em todos os níveis, esperançar é mais do que um verbo, é necessidade. O grande educador Paulo Freire já nos trazia, na década de 90, que o ser humano é um ser inconcluso, que está em permanente movimento. Muito mais do que *treinar* o(a) aluno(a) para que ele saiba executar determinadas ações, as práticas aqui descritas se propõem a *formar* um sujeito crítico, criativo e com condições de ampliar seus conhecimentos por meio da educação musical, entendo a Música como arte, transformação, memória, crítica e reflexão.

Desejo a todos, todas e todes uma excelente leitura e que este livro os ajude a expandir os horizontes de inúmeros educandos(as) por todo o Brasil, trazendo toda a sensibilidade e potência da música às suas vidas.

*Carolina de Campos Derós*
*Diretora da escola piloto deste estudo na*
*Rede Municipal de Ensino de Porto Alegre*
*Pesquisadora na área de Coordenação Pedagógica e Gestão Escolar*

# APRESENTAÇÃO

Apresentam-se, aqui, propostas pedagógicas curriculares, conteúdos musicais, estratégias e formas de avaliação de atividades musicais para serem trabalhadas com estudantes do sexto ao nono do ensino fundamental — anos finais nas diversas escolas de educação básica de todo o país. Sendo assim, esta obra traz propostas de trabalho de uma professora de Música, que podem ser utilizadas livremente pelos(as) demais professores(as) interessados(as) nestas propostas pedagógicas curriculares.

As atividades foram constituídas por meio de experiências pessoais e planejamentos de ensino registrados durante quatro anos de atuação docente com estudantes do sexto ao nono ano do ensino fundamental, tratando-se de uma proposta voltada ao desenvolvimento da disciplina de Arte nos anos finais dessa etapa de ensino. Estas propostas permeiam metodologias em educação musical bem como materiais, conteúdos e proposições avaliativas que podem ser aplicadas em diferentes contextos de ensino, de acordo com a disponibilidade de cada instituição.

Estas propostas pedagógicas curriculares para o ensino de Música na educação básica constituíram-se por meio do trabalho investigativo desenvolvido em uma escola de ensino fundamental da RME/POA, objetivando conhecer os fatores motivacionais dos(as) estudantes para a aprendizagem musical escolar. As propostas foram elaboradas junto à dissertação do curso de mestrado profissional em Educação pela Universidade Estadual do Rio Grande do Sul (Uergs), configurando-se no produto da pesquisa desenvolvida com os(as) estudantes da rede pública municipal de Porto Alegre, RS.

A implementação desta pesquisa se deu porque se observou que pensar novos fazeres musicais integrando-os com os saberes que permeiam as práticas músico-instrumentais e a motivação dos(as) estudantes era — e ainda é — o principal desafio da disciplina de Arte. Além disso, para muitos(as) educandos(as), a aula de Música não passa de um hobby, um espaço de lazer ou entretenimento, em que podem tocar e explorar materiais sonoros, mas nunca os utilizarão para trabalhar profissionalmente, não considerando a disciplina relevante para um futuro próximo. Por isso, apontamos que o engajamento dos(as) estudantes com as atividades musicais depende, sobretudo, da proposta pedagógica empreendida nas aulas, bem como das motivações que os(as) educandos(as) apresentam frente às práticas músico-instrumentais presentes no processo de ensino-aprendizagem da música no contexto escolar.

Desta forma, apresentamos propostas pedagógicas construídas a partir de atividades musicais implementadas com estudantes do ensino fundamental — anos finais e destacadas como uma importante ponte entre os fazeres musicais escolares e as percepções dos(as) educandos(as). Pensar propostas inovadoras que atendam às necessidades dos(as) estudantes e da escola, pautadas na estrutura que as instituições de ensino podem proporcionar, foi, portanto, relevante e primordial na constituição deste material. Não há fazeres didáticos possíveis sem considerar a prática e a implementação metodológica dos conhecimentos. Foi necessário, com isso, considerar a efetiva proposição de novos fazeres artísticos, permeando não somente a execução de instrumentos musicais, mas também a edição, a composição, a criação e a interpretação das práticas em Música.

Ao trabalhar com os diferentes conhecimentos amparados pelo currículo nacional em educação musical proposto pelo Ministério da Educação (MEC) por meio da Base Nacional Comum Curricular (BNCC), foi possível elaborar propostas de ensino que elevassem as percepções de sucesso dos(as) estudantes quanto ao seu desempenho e desenvolvimento musical, aumentando o interesse e a autonomia na tomada de decisão, inferindo utilidade aos conteúdos musicais trabalhados em aula e a sensação de cuidado por parte da professora para com os(as) estudantes, o que foi evidenciado no trabalho investigativo realizado junto aos(as) discentes e publicado por esta editora na obra *Motivações de Estudantes para a Aprendizagem Musical Escolar*, a qual recomendamos a leitura (ERTEL, 2023).

Sendo assim, destacamos que as Propostas Pedagógicas Curriculares aqui apresentadas propõem práticas musicais voltadas para dois públicos distintos: a) estudantes intrinsecamente motivados(as) a aprender Música e b) estudantes extrinsecamente motivados(as) a aprender Música, ambos(as) em um contexto escolar. Deste modo, demanda, sobretudo, um(a) professor(a) disposto a trabalhar os diferentes conteúdos de forma prazerosa, conectado(a) aos interesses dos(as) educandos(as) e comprometido(a) com suas aprendizagens. Por meio destas propostas, convidamos o(a) educador(a) a se constituir como mediador(a) dos conhecimentos musicais, dos conflitos e da falta de motivação dos(as) estudantes, trabalhando na formação artístico-musical discente (FREIRE, 1996; ERTEL, 2023).

Cada atividade proposta foi pensada e elaborada para dar conta de aprendizagens necessárias para a consolidação das práticas em Música na escola. Portanto, os conteúdos são pragmáticos e sequenciais e podem ser trabalhados trimestralmente na promoção de novas habilidades musicais, podendo ser livremente adequados à realidade de cada instituição e de cada grupo de estudantes, aumentando o alcance didático das propostas.

Destacamos, ainda, que estas propostas pedagógicas foram desenvolvidas, inicialmente, para possibilitar a ampliação e qualificação da atuação pedagógico-musical junto a estudantes da RME/POA. Todavia, sua implementação apresentou possibilidades diversas por se tratar de propostas curriculares já colocadas em prática em sala de aula, tendo alcançado resultados extremamente positivos nas avaliações inferidas aos(as) estudantes investigados(as), autenticando sua qualidade (ERTEL, 2023).

Assim, indicamos e compartilhamos com outros(as) professores(as) de Música que atuam com esse público ou com outros(as) estudantes de Música em espaços de ensino musical. Por meio desta obra, poder-se-á utilizar este material como ferramenta na constituição de aprendizagens musicais mais significativas para os(as) estudantes, permeando estudos contínuos, com propostas de aprendizagens gradativas e motivadoras, e promovendo estudantes curiosos(as) e motivados(as) a aprender Música na escola.

Contudo, apontamos as possibilidades musicais como importantes vias de vinculação entre professores(as) e estudantes, abrindo espaços de exposição, exploração, apreciação e apresentação de novas batidas, melodias e estilos musicais que estão sempre em constante construção. A educação musical escolar permeia os diferentes contextos culturais e musicais do Brasil e do mundo e, por isso, consegue ensinar desde o clássico ao popular, sem deixar que os conteúdos sejam desinteressantes, despertando a curiosidade discente. Estas e outras propostas pedagógicas curriculares são, desta forma, o contato direto — ou indireto — dos(as) estudantes com os diferentes saberes e estilos musicais, sendo, para muitos, a principal oportunidade de acesso a práticas musicais ou aos seus conhecimentos.

Acreditamos, contudo, que estas e outras práticas musicais escolares atuarão na consolidação da área da Música como disciplina curricular e na promoção da formação pedagógica de profissionais interessados(as) nesse desafio. Com estas e outras propostas inovadoras, o ensino de Música poderá seguir ocupando seu espaço junto das instituições de ensino de nosso país.

*Daniele Isabel Ertel*
*Cristina Rolim Wolffenbüttel*

# SUMÁRIO

## PROPOSTAS PEDAGÓGICAS PARA O ENSINO DE MÚSICA NA EDUCAÇÃO BÁSICA.................................................................... 17

## 1
## PROPOSTAS PEDAGÓGICAS CURRICULARES PARA O SEXTO ANO DO ENSINO FUNDAMENTAL.................................................... 29

1.1. Propostas Pedagógicas Curriculares para o sexto ano do ensino fundamental – Primeiro trimestre.................................................................31

1.2 Propostas Pedagógicas Curriculares para o sexto ano do ensino fundamental – Segundo trimestre..............................................................36

1.3 Propostas Pedagógicas Curriculares para o sexto ano do ensino fundamental – Terceiro trimestre..............................................................42

## 2
## PROPOSTAS PEDAGÓGICAS CURRICULARES PARA O SÉTIMO ANO DO ENSINO FUNDAMENTAL.................................................. 49

2.1 Propostas Pedagógicas Curriculares para o sétimo ano do ensino fundamental – Primeiro trimestre.............................................................51

2.2 Propostas Pedagógicas Curriculares para o sétimo ano do ensino fundamental – Segundo trimestre.............................................................57

2.3 Propostas Pedagógicas Curriculares para o sétimo ano do ensino fundamental – Terceiro trimestre.............................................................62

## 3
## PROPOSTAS PEDAGÓGICAS CURRICULARES PARA O OITAVO ANO DO ENSINO FUNDAMENTAL.................................................. 69

3.1 Propostas Pedagógicas Curriculares para o oitavo ano do ensino fundamental – Primeiro trimestre.............................................................71

3.2 Propostas Pedagógicas Curriculares para o oitavo ano do ensino fundamental – Segundo trimestre.............................................................76

3.3 Propostas Pedagógicas Curriculares para o oitavo ano do ensino fundamental – Terceiro trimestre.............................................................82

**4**

**PROPOSTAS PEDAGÓGICAS CURRICULARES PARA O NONO ANO DO ENSINO FUNDAMENTAL** ........ 89

4.1 Propostas Pedagógicas Curriculares para o nono ano do ensino fundamental – Primeiro trimestre ...........91

4.2 Propostas Pedagógicas Curriculares para o nono ano do ensino fundamental – Segundo trimestre ...........96

4.3 Propostas Pedagógicas Curriculares para o nono ano do ensino fundamental – Terceiro trimestre ........... 102

**AS PROPOSTAS ENQUANTO PRÁTICAS DE ENSINO** .............. 109

**REFERÊNCIAS** ...........115

# PROPOSTAS PEDAGÓGICAS PARA O ENSINO DE MÚSICA NA EDUCAÇÃO BÁSICA

Apresentam-se aqui propostas pedagógicas curriculares para o desenvolvimento do ensino de Música na educação básica, com ênfase em estudantes do sexto ao nono ano do ensino fundamental — anos finais. Por meio delas destacam-se propostas e metodologias de ensino a serem inseridas em escolas públicas e/ou privadas de todo o país, embasadas na Base Nacional Comum Curricular, a BNCC (BRASIL, 2018). As propostas levam em consideração a comunidade escolar atendida pela Rede Municipal de Ensino de Porto Alegre, RS e as especificidades de cada faixa etária.

Sendo assim, foram desenvolvidas atividades musicais pensadas e preparadas de acordo com as possibilidades pedagógicas que a estrutura da escola oferece, bem como as preferências musicais dos(as) educandos(as) e as competências e habilidades a serem apreendidas. Além disso, foram considerados os conhecimentos prévios dos(as) estudantes e as adequações curriculares que representam o desafio de dar aula em uma comunidade da periferia de Porto Alegre, RS.

Destaca-se, quanto a isso, que durante os quatro anos de implementação das atividades musicais na escola investigada, grandes foram as conquistas, mas maiores ainda foram os desafios. Relata-se, desta forma, que toda aprendizagem musical precisa de uma motivação, palavra que deriva do latim *"movere"* e significa mover-se para realizar uma determinada ação (BORUCHOVITCH; BZUNECK, 2009). Essa motivação torna-se, então, o motivo pelo qual o(a) estudante realiza uma determinada ação, como estudar Música, apreciar as diferentes possibilidades sonoras ou mesmo executar uma peça ou um instrumento musical.

Entretanto, a motivação para a aprendizagem pode ocorrer de forma intrínseca ou extrínseca, apresentando-se diferentemente para cada estudante. Leão (2011) indica que a motivação intrínseca é tida como uma tendência natural do(a) indivíduo(a) em que o(a) estudante desenvolve determinadas tarefas por motivação própria, sendo elas atraentes para ele(a). O(a) educando(a) intrinsecamente motivado(a) procura o(a) professor(a), senta-se ao seu lado e o(a) questiona sobre o conteúdo da aula, enquanto o(a) estudante motivado(a) extrinsecamente depende de fatores externos à sua própria determinação, pois essa motivação tem a finalidade de atender solicitações de outras pessoas, entre elas os(as) amigos(as), familiares, colegas e/ou o(a) próprio(a) professor(a) (LEÃO, 2011).

Conhecendo os(as) estudantes, procurou-se, em cada etapa da aprendizagem, desenvolver as diferentes habilidades motoras e auditivas dos(as) discentes, qualificando as sonoridades produzidas e sua leitura musical. Mas, sobretudo, procurou-se envolver os(as) educandos(as) com o fazer musical, tocando com os instrumentos disponíveis na escola, trabalhando com edição de música na sala de informática e com os parâmetros sonoros, bem como a melodia, a harmonia e o ritmo. Porém, no decorrer do desenvolvimento do trabalho de ensino-aprendizagem, observou-se que trabalhar apenas conhecimentos musicais não seria o suficiente. O desinteresse e a desmotivação para aprender, a falta de incentivo escolar e familiar, tornaram-se aparentes no discurso dos(as) estudantes, que apontavam a aprendizagem musical como algo desnecessário.

Com o passar do tempo, os(as) discentes começaram a entender a música como um processo complexo, pois quanto mais tocavam e aprendiam, mais conhecimentos deveriam adquirir. Então, a não persistência dos(as) educandos(as) nas aprendizagens musicais começou a aparecer. Os(as) estudantes perguntavam-se: "Quanto tempo vai demorar para aprender todas essas notas?"; "Mas, se eu colocar uma batida no celular, eu posso cantar e fazer música boa, né?"; e assim por diante.

Esses e outros questionamentos ampliaram o olhar acerca das propostas pedagógicas desenvolvidas com os(as) estudantes dos anos finais do ensino fundamental. Mas quais seriam, com vistas ao desenvolvimento técnico, tecnológico e musical, os saberes e fazeres, competências e habilidades que os(as) discentes realmente necessitavam saber em Música?

Por isso, para entender mais sobre as propostas pedagógicas curriculares a serem trabalhadas nas aulas de Música da educação básica foi empreendida uma investigação que teve por objetivo conhecer os fatores motivacionais de estudantes de uma escola da Rede Municipal de Ensino de Porto Alegre, RS, para a aprendizagem musical escolar. Essa pesquisa deu origem a estas Propostas Pedagógicas Curriculares em educação musical, que se tornaram o produto da investigação.

Em consonância com o Ministério da Educação (MEC), estas propostas pedagógicas foram elaboradas a partir da proposição da Base Nacional Comum Curricular (BNCC) e das vivências e experiências docentes com os grupos de educandos(as) investigados(as), transversalizando com as práticas pedagógico-musicais realizadas em sala de aula, os documentos coletados na investigação e os resultados do *Music Inventory*, que avaliou o trabalho pedagógico desenvolvido pela professora de Música e seus fatores motivacionais quanto as aprendizagens musicais escolares dos(as) discentes (ERTEL, 2023).

A apresentação destas propostas visa atender esse público em específico, o qual iniciou suas aprendizagens musicais a partir do sexto ano do ensino fundamental - anos finais e não trouxe experiências prévias relativas as aulas de Música em etapas de ensino anteriores.

Cabe destacar que a Rede Municipal de Ensino de Porto Alegre, RS (RME/POA) tem uma proposta pedagógica para cada disciplina e para cada ano/ciclo, conforme o Caderno n.º 9 (PORTO ALEGRE, 2003, 2001, 1999, 1996). Além disso, o MEC vem propondo e disponibilizando para todas as áreas de ensino e instituições de educação básica a BNCC (BRASIL, 2018), que atua como ferramenta norteadora do trabalho pedagógico dos(as) professores(as) de Música em todo o país.

Essas propostas curriculares são de caráter amplo para a educação musical, permeando conceitos e aplicações práticas de Música na escola (PORTO ALEGRE, 2003, 2001, 1999, 1996; BRASIL, 2018). No entanto, cada instituição de ensino, cada professor(a) e cada grupo de estudantes faz necessárias algumas alterações, de acordo com o perfil dos(as) estudantes e do(a) professor(a) de Música, os materiais e o ambiente de ensino disponíveis na escola, bem como a proposta pedagógica de cada instituição.

Nesse sentido, o trabalho pedagógico-musical que vem sendo desenvolvido com os(as) estudantes de uma escola da RME-POA/RS desde o ano de 2015 atua no desenvolvimento auditivo, perceptivo e instrumental dos(as) estudantes, permeando práticas inicialmente parecidas em todos os anos/ciclos do ensino fundamental — anos finais e ampliadas no decorrer dos anos/ciclos cursados pelos(as) estudantes.

Sendo assim, foi possível categorizar atividades pedagógicas em Música e práticas musicais escolares para cada ano/ciclo, conforme o perfil dos(as) estudantes e das propostas pedagógicas ofertadas em aula (CADERNO DE DOCUMENTOS, 2020). Esse trabalho possibilitou a elaboração destas Propostas Pedagógicas Curriculares para o ensino de Música em escolas da RME-POA/RS, compilando as experiências positivas com o trabalho desenvolvido e as percepções motivacionais dos(as) estudantes do município de Porto Alegre, RS.

A partir desta perspectiva, foi elaborada a seguintes Propostas Pedagógicas Curriculares em material descritivo disponibilizado para a supervisão escolar e para a biblioteca da escola investigada, bem como para a Secretaria Municipal de Educação de Porto Alegre, RS. Além disso, optou-se por publicar esta obra para que mais profissionais pudessem ter acesso e implementar aulas de Música voltadas às necessidades apontadas pelos(as) estudantes, atuando na qualificação e real implementação do ensino de Música na educação básica de todo o país (BRASIL, 2016, 2008).

Entretanto, a publicação desta obra justifica-se, sobretudo, pela implementação da Lei 11.769/08, que dispõe sobre a obrigatoriedade do ensino de Música na escola, bem como a Lei 13.278/16, que institui como componente curricular Arte as quatro linguagens de conhecimento artístico: Artes Visuais, Dança, Música e Teatro. Essa legislação insere os conhecimentos musicais e artísticos em toda a educação básica, perpassando a educação infantil ao ensino médio (BRASIL, 2008, 2016). Todavia, essa inserção ainda está em fase de implementação em muitas redes, tanto privadas, municipais ou estaduais, não sendo ofertadas em todos os níveis do ensino escolar (WOLFFENBÜTTEL; ERTEL; SOUZA, 2016).

Essas características limitam os aprendizados musicais do(a) estudante que, por vezes, nem acontecem e, em outras, acontecem limitadamente, de acordo com a disponibilidade e oferta de professores(as), equipamentos, instrumentos musicais e estruturas escolares. Além disso, essa inserção dos conhecimentos musicais na educação básica acontece de forma lenta, havendo diferentes conhecimentos artísticos ofertados para os(as) estudantes dos diferentes anos/ciclos, inviabilizando um conhecimento contínuo e cheio de avanços e significados.

Desta forma, em muitas instituições de ensino, o(a) estudante tem a oferta do(a) professor(a) de música por um ano — às vezes até menos — e no ano seguinte este(a) estudante cursará artes visuais, dança ou teatro, o que limita muito os fazeres musicais do(a) discente e a atuação do(a) professor(a), que parece não desempenhar um papel realmente importante do ponto de vista do(a) educando(a). Assim, o(a) professor(a) de música passa a ter uma atuação profissional muito abrangente, necessitando primeiramente conquistar seu espaço junto aos(às) estudantes para iniciar o seu trabalho, demandando significados e não apenas conhecimentos.

Quanto a isso, a proposta de normatização dos currículos educacionais ofertados a todos os níveis da educação básica por meio da BNCC, dispõe do componente curricular Arte[1] no ensino fundamental, centrado nas seguintes linguagens: Artes Visuais, Dança, Música e Teatro. Por meio dessas linguagens, segundo a BNCC, poder-se-á articular diferentes saberes, permeando práticas

---

[1] Na Base Nacional Comum Curricular, o componente curricular é denominado Arte, sempre utilizado com letra maiúscula no documento ao se referir à disciplina curricular.

artísticas que envolvam a criação, a leitura, a produção, a construção, a exteriorização e a reflexão, contribuindo para a interação crítica dos(as) estudantes com a humanidade, favorecendo o respeito às diferenças e o diálogo intelectual que fomentam o exercício da cidadania (BRASIL, 2018).

Nesse sentido, o desenvolvimento artístico escolar, segundo a proposta da BNCC, perpassa

> [...] as manifestações artísticas [que] não podem ser reduzidas às produções legitimadas pelas instituições culturais e veiculadas pela mídia, tampouco a prática artística pode ser vista como mera aquisição de códigos e técnicas. A aprendizagem de Arte precisa alcançar a experiência e a vivência artísticas como prática social, permitindo que os alunos sejam protagonistas e criadores. (BRASIL, 2018, p. 189).

Para tanto, é preciso que as práticas artísticas escolares possibilitem aos(às) estudantes oportunidades de apreensão e ampliação de conhecimentos quanto a arte por meio de explorações e vivências artísticas em aula, bem como exposições, saraus, espetáculos, performances, concertos, recitais, intervenções ou eventos culturais promovidos dentro ou fora dos espaços escolares (BRASIL, 2018). Essas propostas enfrentam, contudo, dificuldades quanto à estrutura das instituições de ensino, à formação dos(as) professores(as), ao apoio dos pais e da comunidade escolar e à motivação dos(as) estudantes para inferir significados às práticas artísticas fomentadas na educação básica.

Apesar destes desafios, a BNCC defende que os processos de criação necessitam ser compreendidos com a mesma relevância que os eventuais produtos artísticos oriundos dessas práticas. Estes conhecimentos, produzidos nas aulas de Arte, envolvem procedimentos e técnicas, possibilitando a compreensão das relações sociais dos sujeitos na sua interação com a arte e a cultura (BRASIL, 2018).

Deste modo, a BNCC propõe uma articulação entre seis dimensões do conhecimento artístico, perpassando cada um dos quatro conhecimentos específicos de forma indissociável e simultânea.

Essas seis dimensões não são propostas de categorias ou eixos temáticos, "mas de linhas maleáveis que se interpenetram, constituindo a especificidade da construção do conhecimento em Arte na escola" (BRASIL, 2018, p. 190).

A BNCC propõe, portanto, as seguintes dimensões (BRASIL, 2018):

- Criação: refere-se à criação, produção e construção do fazer artístico individual ou coletivo, apreendendo o processo de tomada de decisões, desafios, conflitos e negociações que o fazer artístico comporta.

- Crítica: refere-se às impressões e compreensões dos sujeitos em relação à arte e ao espaço em que vivem por meio do estudo e da pesquisa de diferentes manifestações artísticas e culturais, articulando ações e pensamentos propositivos que envolvam Política, História, Filosofia, Ciências Sociais, Economia e Cultura.

- Estesia: refere-se à sensibilidade dos sujeitos quanto ao espaço, ao tempo, ao som, às ações, às imagens, ao próprio corpo e aos diferentes materiais, articulando as experiências sensíveis e a percepção como modo de conhecer a si mesmo, o outro e o mundo, trazendo o corpo como protagonista da experiência.

- Expressão: refere-se à exteriorização e a manifestação das criações artísticas, quer sejam individuais ou coletivas, compartilhando elementos constitutivos de cada linguagem, suas especificidades e materialidades.

- Fruição: refere-se à abertura para a sensibilização durante as práticas artísticas por meio do deleite, do prazer ou do estranhamento, implicando na disponibilidade dos sujeitos para a continuidade do trabalho com produções artísticas e culturais, oriundas de diferentes épocas, lugares e grupos sociais.

- Reflexão: refere-se à construção de argumentos e ponderações quanto as fruições, as experiências artísticas e seus processos criativos, percebendo, analisando e interpretando as manifestações artísticas e culturais tanto como criador(a) quanto como leitor(a).

Por meio dessas seis dimensões, a BNCC propõe um desenvolvimento artístico pautado na promoção de habilidades e técnicas para o fazer em Arte, e, também, reflexões, fruições e críticas, que fomentem os conhecimentos na área. Todavia, é importante destacar que não há hierarquias entre essas dimensões, tampouco uma ordem para se desenvolver cada uma no campo pedagógico (BRASIL, 2018).

A proposição dessas seis dimensões é constituída, sobretudo, para possibilitar o desenvolvimento artístico escolar, pois, segundo a BNCC, essas dimensões buscam facilitar o processo de ensino e aprendizagem da Arte na escola. A música, neste contexto, é entendida como a materialização dos sons que ganham forma, sentido e significado, permeando "a percepção, experimentação, reprodução, manipulação e criação de materiais sonoros diversos, dos mais próximos aos mais distantes da cultura musical dos alunos" (BRASIL, 2018, p. 192), possibilitando vivências musicais interrelacionadas à diversidade e aos saberes fundamentais para sua inserção e participação crítica na sociedade por meio da percepção auditiva.

A Arte no ensino fundamental deve oportunizar aos(as) educandos(as) a expansão de seu repertório e a ampliação da autonomia dos(as) estudantes nas práticas artísticas, promovendo reflexões sensíveis e críticas sobre os conteúdos artísticos e seus elementos constitutivos, reconhecendo a diversidade de saberes e legitimando os modos de pensar, experienciar e fruir a Arte (BRASIL, 2018).

Assim, a BNCC organiza unidades de propostas curriculares contendo um bloco destinado às atividades artísticas propostas para estudantes do sexto ao nono ano do ensino fundamental-anos finais, permitindo que as escolas e as redes de ensino organizem seus currículos e suas propostas pedagógicas pautadas neste sistema com as devidas adequações em cada contexto. Entretanto, destacou-se que

> A progressão das aprendizagens não está proposta de forma linear, rígida ou cumulativa com relação a cada linguagem ou objeto de conhecimento, mas propõe um movimento no qual cada nova experiência se relaciona com as anteriores e as posteriores na aprendizagem de Arte. (BRASIL, 2018, p. 193).

Essas relações entre novas e antigas experiências artísticas dentro do componente curricular Arte devem garantir aos(às) estudantes o desenvolvimento de competências específicas relacionadas à disciplina. Essas competências, propostas pela BNCC, devem ser promovidas por meio de atividades práticas com desenvolvimento artístico, sendo consideradas na construção das propostas pedagógicas e curriculares da escola, pois elas deverão atender as necessidades e dificuldades dos(as) estudantes na promoção de suas competências artísticas, relacionadas a seguir:

> 1. Explorar, conhecer, fruir e analisar criticamente práticas e produções artísticas e culturais do seu entorno social, dos povos indígenas, das comunidades tradicionais brasileiras e de diversas sociedades, em distintos tempos e espaços, para reconhecer a arte como um fenômeno cultural, histórico, social e sensível a diferentes contextos e dialogar com as diversidades.

> 2. Compreender as relações entre as linguagens da Arte e suas práticas integradas, inclusive aquelas possibilitadas pelo uso das novas tecnologias de informação e comunicação, pelo cinema e pelo audiovisual, nas condições particulares de produção, na prática de cada linguagem e nas suas articulações.

> 3. Pesquisar e conhecer distintas matrizes estéticas e culturais – especialmente aquelas manifestas na arte e nas culturas que constituem a identidade brasileira –, sua tradição e manifestações contemporâneas, reelaborando-as nas criações em Arte.

> 4. Experienciar a ludicidade, a percepção, a expressividade e a imaginação, ressignificando espaços da escola e de fora dela no âmbito da Arte.

5. Mobilizar recursos tecnológicos como formas de registro, pesquisa e criação artística.

6. Estabelecer relações entre arte, mídia, mercado e consumo, compreendendo, de forma crítica e problematizadora, modos de produção e de circulação da arte na sociedade.

7. Problematizar questões políticas, sociais, econômicas, científicas, tecnológicas e culturais, por meio de exercícios, produções, intervenções e apresentações artísticas.

8. Desenvolver a autonomia, a crítica, a autoria e o trabalho coletivo e colaborativo nas artes.

9. Analisar e valorizar o patrimônio artístico nacional e internacional, material e imaterial, com suas histórias e diferentes visões de mundo. (BRASIL, 2018, p. 194).

Dessa forma, os objetivos e conteúdos de Arte no ensino fundamental — anos finais deverão assegurar a apreensão dessas competências artísticas, ocupando diversos espaços escolares e favorecendo a interação com a comunidade. Nesta fase da aprendizagem discente, a BNCC atua em uma "maior sistematização dos conhecimentos e na proposição de experiências mais diversificadas em relação a cada linguagem, considerando as culturas juvenis" (BRASIL, 2018, p. 201) e contribuindo para o aprofundamento dos saberes.

Para promover essa sistematização dos currículos escolares, a BNCC estabeleceu unidades temáticas de objetos de conhecimento, acompanhadas de habilidades a serem desenvolvidas nas aulas de Arte durante todo o ensino fundamental na etapa que compreende do sexto ao nono ano dos anos finais.

Cada unidade temática compreende, sobretudo, um conhecimento a ser estudado e aprofundado pelos(as) educandos(as), estabelecendo seis diferentes unidades que tratam de saberes musicais importantes para construção de competências e habilidades em Música. Dentro delas, temos as habilidades a serem desenvolvidas e os objetivos que compõe os fazeres artístico-musicais e possibilitam a avaliação dos(as) estudantes ao desenvolver cada uma das competências e habilidades estimadas nesse processo.

Cada professor(a) pode, então, trabalhar com as diferentes unidades temáticas e suas habilidades com vistas a atuar com práticas e conhecimentos musicais na escola, desenvolvendo as diversas aptidões em Música e qualificando as percepções musicais dos(as) educandos(as). Cabe, ainda, ao(a) professor(a), ofertar aos(as) estudantes tempos e espaços de construção destas habilidades, e é por isso que surge estas Propostas Pedagógicas Curriculares.

Para melhor compreender essa construção, procurou-se tabular as unidades temáticas e suas habilidades, auxiliando na sua sistematização para possibilitar a constituição destas Propostas Pedagógicas Curriculares para estudantes de uma escola da Rede Municipal de Ensino de Porto Alegre, RS. Confira a seguir o Quadro 1:

Quadro 1 – Habilidades musicais a serem desenvolvidas dentro das unidades temáticas propostas pela Base Nacional Comum Curricular (BNCC)

| Unidades Temáticas | Habilidades |
|---|---|
| Música | (EF69AR18) Reconhecer e apreciar o papel de músicos e grupos de música brasileiros e estrangeiros que contribuíram para o desenvolvimento de formas e gêneros musicais. |
| | (EF69AR19) Identificar e analisar diferentes estilos musicais, contextualizando-os no tempo e no espaço, de modo a aprimorar a capacidade de apreciação da estética musical. |
| Contextos e práticas | (EF69AR16) Analisar criticamente, por meio da apreciação musical, usos e funções da música em seus contextos de produção e circulação, relacionando as práticas musicais às diferentes dimensões da vida social, cultural, política, histórica, econômica, estética e ética. |
| | (EF69AR17) Explorar e analisar, criticamente, diferentes meios e equipamentos culturais de circulação da música e do conhecimento musical. |

| Unidades Temáticas | Habilidades |
|---|---|
| Elementos da linguagem | (EF69AR20) Explorar e analisar elementos constitutivos da música (altura, intensidade, timbre, melodia, ritmo etc.), por meio de recursos tecnológicos (*games* e plataformas digitais), jogos, canções e práticas diversas de composição/criação, execução e apreciação musicais. |
| Materialidades | (EF69AR21) Explorar e analisar fontes e materiais sonoros em práticas de composição/criação, execução e apreciação musical, reconhecendo timbres e características de instrumentos musicais diversos. |
| Notação e registro musical | (EF69AR22) Explorar e identificar diferentes formas de registro musical (notação musical tradicional, partituras criativas e procedimentos da música contemporânea), bem como procedimentos e técnicas de registro em áudio e audiovisual. |
| Processos de criação | (EF69AR23) Explorar e criar improvisações, composições, arranjos, *jingles*, trilhas sonoras, entre outros, utilizando vozes, sons corporais e/ou instrumentos acústicos ou eletrônicos, convencionais ou não convencionais, expressando ideias musicais de maneira individual, coletiva e colaborativa. |

Fonte: elaborado pelas autoras seguindo fielmente a proposta curricular da BNCC (BRASIL, 2018, p. 204-205)

Cada uma das unidades temáticas e habilidades musicais apresentadas pela BNCC foi considerada na proposição das atividades musicais diversas inseridas nas propostas descritas a seguir. Deste modo, cada atividade desenvolvida na área de Música está inserida em uma das unidades temáticas e atua na promoção das habilidades relacionadas, tendo como pontos norteadores da aprendizagem musical as competências apontadas pela BNCC brasileira.

Ao conhecer e compreender a BNCC e suas proposições quanto a aquisição de competências por meio do desenvolvimento de habilidades artísticas, foi possível, então, analisando o caderno de documentos coletados por meio desta pesquisa, constituir e apresentar a seguir as Propostas Pedagógicas Curriculares para o ensino da Música nos anos finais do ensino fundamental.

# PROPOSTAS PEDAGÓGICAS CURRICULARES PARA O SEXTO ANO DO ENSINO FUNDAMENTAL

Apresentam-se a seguir atividades e propostas pedagógicas a serem implementadas com estudantes do sexto ano do ensino fundamental — anos finais, tendo por objetivo constituir uma aprendizagem significativa, trazendo parâmetros sonoro-musicais, divisões rítmicas e conceitos básicos para o ensino e a prática da Música. Esta etapa da aprendizagem escolar compreende, em sua maioria, estudantes de 11 a 12 anos de idade que experienciam aprender com diferentes professores(as) especialistas em suas áreas de atuação, vivenciando novos modos de ensino. Nessa perspectiva, os(as) educandos(as) podem conhecer com maior profundidade os conteúdos e as especificidades de cada disciplina do currículo escolar, explorando mais intensamente e de forma curiosa os saberes propostos por cada área de conhecimento.

Na disciplina de Arte, que compreende o ensino da Música (BRASIL, 2016, 2008), este processo acontece de um modo diferenciado, pois em boa parte das escolas públicas é somente nos anos finais do ensino fundamental ou no ensino médio que os(as) estudantes têm contato com a educação musical, conforme apontaram diversas pesquisas que pudemos realizar (ERTEL, 2020; WOLFFENBÜTTEL; ERTEL; SOUZA, 2016; WOLFFENBÜTTEL; ERTEL, 2014; ERTEL; WOLFFENBÜTTEL, 2013).

Sendo assim, é basicamente nesse nível de ensino que os primeiros conteúdos musicais são trabalhados, as primeiras notas, os primeiros acordes e as primeiras melodias. É por isso que se propõem aqui práticas de ensino que possibilitem um contato inicial do(a) estudante com as diferentes sonoridades, bem como com a classificação instrumental e os parâmetros do som, que auxiliam os(as) educandos(as) a compreenderem de que forma se faz música, e música de qualidade. Além disso, fazem-se necessárias adequações ao contexto de cada escola e de cada grupo de estudantes, sendo importante que os(as) discentes tenham contato com os(as) diversos(as) artistas e estilos musicais, potencializando o repertório de cada um(a) e ampliando suas possibilidades, oportunizando conhecer novas sonoridades.

Partindo desses pontos, elaborou-se as Propostas Pedagógicas Curriculares para o sexto ano do ensino fundamental, sendo descritos, a seguir, os objetivos considerados relevantes para o primeiro trimestre letivo. Indicam-se, assim, as competências e habilidades a serem desenvolvidas junto aos(as) estudantes do sexto ano com base na BNCC e nos estudos realizados na Rede Municipal de Ensino de Porto Alegre, RS. Confira:

# 1.1. Propostas Pedagógicas Curriculares para o sexto ano do ensino fundamental – Primeiro trimestre

Quadro 2 - Objetivos e Conteúdos propostos para o primeiro trimestre letivo

## Objetivo: compreender as diferentes formas de execução musical: melódica, harmônica e rítmica

| Conteúdos: | Unidade Temática: Elementos da Linguagem |
|---|---|
| * Diferenciação sonora entre Melodia, Harmonia e Ritmo.<br>* Percepção auditiva.<br>* Diferenciação de instrumentos melódicos, harmônicos e rítmicos. | **Habilidade:**<br>(EF69AR20) Explorar e analisar elementos constitutivos da música (altura, intensidade, timbre, melodia, ritmo etc.), por meio de recursos tecnológicos (*games* e plataformas digitais), jogos, canções e práticas diversas de composição/criação, execução e apreciação musicais. |

## Objetivo: Conhecer seu ídolo musical e sua trajetória de vida

| Conteúdos: | Unidade Temática: Música |
|---|---|
| * Trajetória de vida do Ídolo Musical de cada estudante.<br>* Biografia.<br>* Práticas e vivências músico-instrumentais. | **Habilidade:**<br>(EF69AR18) Reconhecer e apreciar o papel de músicos e grupos de música brasileiros e estrangeiros que contribuíram para o desenvolvimento de formas e gêneros musicais. |

## Objetivo: Produzir um trabalho artístico-visual com as características pessoais de cada ídolo, especificando seu estilo musical

| Conteúdos: | Unidade Temática: Música |
|---|---|
| * Trabalho artístico-visual com caricaturas.<br>* Características físicas e cênicas de cada compositor.<br>* Estilos musicais.<br>* Compositores e músicos.<br>* Música popular brasileira.<br>* Música internacional. | **Habilidades:**<br>(EF69AR18) Reconhecer e apreciar o papel de músicos e grupos de música brasileiros e estrangeiros que contribuíram para o desenvolvimento de formas e gêneros musicais.<br>(EF69AR19) Identificar e analisar diferentes estilos musicais, contextualizando-os no tempo e no espaço, de modo a aprimorar a capacidade de apreciação da estética musical. |

Fonte: Elaborado pela autoras.

Quadro 3 - Objetivos e Conteúdos propostos para o primeiro trimestre letivo

**Objetivo: Conhecer as práticas musicais dos músicos e ídolos musicais de cada estudante**

| Conteúdos: | Unidade Temática: Contextos e Práticas |
|---|---|
| * Apreciação musical.<br>* Estilos musicais.<br>* Compositores e músicos.<br>* Música popular brasileira.<br>* Música internacional. | Hablidades:<br>(EF69AR16) Analisar criticamente, por meio da apreciação musical, usos e funções da música em seus contextos de produção e circulação, relacionando as práticas musicais às diferentes dimensões da vida social, cultural, política, histórica, econômica, estética e ética.<br>(EF69AR17) Explorar e analisar, criticamente, diferentes meios e equipamentos culturais de circulação da música e do conhecimento musical. |

**Objetivo: Aprender as notas musicais e suas posições nos instrumentos**

| Conteúdos: | Unidade Temática: Notação e Registro Musical |
|---|---|
| * Notas musicais e suas formas de execução.<br>* Aprendizagem das nomenclaturas dos instrumentos musicais.<br>* Habilidade musical na execução das notas. | Habilidade:<br>(EF69AR22) Explorar e identificar diferentes formas de registro musical (notação musical tradicional, partituras criativas e procedimentos da música contemporânea), bem como procedimentos e técnicas de registro em áudio e audiovisual. |

**Objetivo: Executar as músicas propostas em aula com habilidade e qualidade sonora**

| Conteúdos: | Unidade Temática: Materialidades |
|---|---|
| * Prática musical coletiva.<br>* Música instrumental.<br>* Música cantada. | Habilidade:<br>(EF69AR21) Explorar e analisar fontes e materiais sonoros em práticas de composição/criação, execução e apreciação musical, reconhecendo timbres e características de instrumentos musicais diversos. |

**Objetivo: Conhecer a música 8D, sua aplicação nos diferentes estilos musicais e seus compositores(as)**

| Conteúdos: | Unidade Temática: Elementos da Linguagem |
|---|---|
| * Música 8D.<br>* Formas de produção da Música 8D.<br>* História da Música 8D.<br>* Percepção auditiva. | Habilidade:<br>(EF69AR20) Explorar e analisar elementos constitutivos da música (altura, intensidade, timbre, melodia, ritmo etc.), por meio de recursos tecnológicos (*games* e plataformas digitais), jogos, canções e práticas diversas de composição/criação, execução e apreciação musicais. |

Fonte: elaborado pela autoras

O desenvolvimento das Propostas Pedagógicas Curriculares apresentadas aos(as) estudantes do sexto ano do ensino fundamental — anos finais no primeiro trimestre do ano letivo tem por objetivo atender a demanda desta faixa etária, suas agitações e curiosidades, bem como construir neles(as) percepções musicais relativas ao som, à harmonia, ao silêncio e, especialmente, ao ritmo. Inicialmente propõe-se que os(as) educandos(as) experienciem práticas músico-instrumentais de forma exploratória, visto que eles(as) ainda não compreendem a importância da pausa e de todo o conjunto instrumental.

Deste modo, acredita-se ser imprescindível contextualizar as diferentes práticas musicais, trazendo músicas populares e atuais que motivem os(as) estudantes a praticar, introduzindo os conhecimentos músico-instrumentais como batidas, acordes para a base do violão e melodia (canto). Durante as práticas, surgirão questionamentos, dificuldades e desafios, o que fará com que os(as) próprios(as) educandos(as) solicitem maior conhecimento musical.

O(a) professor(a) então irá propor outras experiências. Entre elas, a apreciação musical de artistas nacionais e internacionais que os(as) estudantes terão contato por meio de pesquisas biográficas e listas de reprodução. Neste processo, os(as) discentes estarão fazendo diversas apreciações musicais, bem como uma vasta ampliação de repertório e a escuta perceptiva, compreendendo a utilização de efeitos sonoros, batidas referentes a cada estilo musical e a qualidade da voz de cada músico/artista apresentado pelos(as) colegas. Assim, poder-se-á promover apreciações musicais e aprendizagens relativas aos estilos musicais e seus contextos de inserção, oportunizando o gosto pelo fazer musical e despertando nos(as) estudantes novos olhares sobre suas práticas, qualificando-as.

Essas propostas visam, portanto, inferir nos(as) estudantes do sexto ano do ensino fundamental — anos finais significados as suas práticas musicais, que, em geral, iniciam nessa etapa de ensino, ou mesmo se aprimoram a fim de ampliar repertórios. Destaca-se, nesse sentido, que conhecer os instrumentos a serem executados, as notas e as batidas rítmicas, unidas à apreciação musical dos(as) educandos(as) trará, ainda, novidade e percepções de sucesso e empoderamento, o que atuará na motivação para a aprendizagem musical escolar (ERTEL, 2023). Por isso, propõe-se a apresentação da música 8D para os(as) estudantes do sexto ano, fazendo com que os(as) discentes possam imergir em músicas gravadas em oito diferentes dimensões e executadas em formato MP3, com acesso somente por fones de ouvido. Por meio dessa experiência, será possível ampliar as motivações dos(as) estudantes, tornando-os mais produtivos em aula.

Para possibilitar todas as aprendizagens propostas, sugere-se as seguintes estratégias de ensino e avaliação, pautadas no trabalho desenvolvido com os(as) estudantes de uma escola da Rede Municipal de Ensino de Porto Alegre, RS:

## Quadro 4 - Estratégias de Ensino e Avaliação propostas para o primeiro trimestre letivo

**Compreender as diferentes formas de execução musical: melódica, harmônica e rítmica**

• Estratégia: trabalhar de forma multimídia com apreciação musical dos instrumentos musicais, classificando-os: melódicos, harmônicos e rítmicos. Isso diminuirá a agitação e possibilitará ver e apreciar os timbres de cada instrumento musical.
• Avaliação escrita e avaliação do processo de aprendizagem.

**Conhecer seu ídolo musical e sua trajetória de vida**

• Estratégia: pesquisar na sala de informática a biografia e a trajetória de vida dos ídolos musicais de cada estudante.
• Avaliação do trabalho escrito com a biografia dos ídolos musicais.

**Produzir um trabalho artístico-visual com as características pessoais de cada ídolo, especificando seu estilo musical**

• Estratégia: utilizar das artes visuais para a produção de caricatura, trabalhando o estilo musical de cada ídolo.
• Avaliação da caricatura feita por meio do trabalho artístico visual.

**Conhecer as práticas musicais dos músicos e ídolos musicais de cada estudante**

• Estratégia: apreciação musical; escuta perceptiva.
• Avaliação do processo de aprendizagem auditivo e contextualização das obras.

**Aprender as notas musicais e suas posições nos instrumentos**

• Estratégia: práticas musicais coletivas com os instrumentos musicais disponíveis na escola, utilizando músicas conhecidas ou mesmo selecionadas pelos(as) estudantes.
• Avaliação das habilidades práticas musicais por meio da execução instrumental.

**Executar as músicas propostas em aula com habilidade e qualidade sonora**

• Estratégia: práticas musicais coletivas com os instrumentos musicais disponíveis na escola, utilizando músicas conhecidas ou mesmo selecionadas pelos(as) estudantes.
• Avaliação das apropriações pessoais de cada estudante quanto às práticas coletivas.

**Conhecer a música 8D, sua aplicação nos diferentes estilos musicais e seus compositores(as)**

• Estratégia: audições e apreciações de música 8D, com pesquisa sobre a história e as formas de criação da música 8D.
• Avaliação das percepções sonoras de cada estudante por meio de rodas de conversa.

Fonte: elaborado pelas autoras

Partindo dessas aprendizagens sonoras, propõe-se as Propostas Pedagógicas Curriculares para o sexto ano do ensino fundamental voltado ao segundo trimestre letivo.

# 1.2 Propostas Pedagógicas Curriculares para o sexto ano do ensino fundamental – Segundo trimestre

Quadro 5 - Objetivos e Conteúdos propostos para o segundo trimestre letivo

## Objetivo: conhecer as notas musicais e suas possibilidades de execução instrumental

| Conteúdos: | Unidade Temática: Notação Musical |
|---|---|
| * Notas musicais.<br>* Posições das notas musicais na flauta, no violão e no teclado.<br>* Execução instrumental.<br>* Prática de conjunto instrumental. | Habilidade:<br>(EF69AR22) Explorar e identificar diferentes formas de registro musical (notação musical tradicional, partituras criativas e procedimentos da música contemporânea), bem como procedimentos e técnicas de registro em áudio e audiovisual. |

## Objetivo: tocar e executar músicas populares com habilidade e qualidade sonora

| Conteúdos: | Unidade Temática: Materialidades |
|---|---|
| * Técnicas de execução musical.<br>* Execução instrumental.<br>* Prática de conjunto instrumental.<br>*Habilidades motoras.<br>* Habilidades cognitivas.<br>* Pensamento lógico. | Habilidade:<br>(EF69AR21) Explorar e analisar fontes e materiais sonoros em práticas de composição/criação, execução e apreciação musical, reconhecendo timbres e características de instrumentos musicais diversos. |

## Objetivo: compreender o *Ouvido Pensante* de Schafer e suas formas de percepção auditiva

| Conteúdos: | Unidade Temática: Elementos da Linguagem |
|---|---|
| * *Ouvido Pensante*, de Murray Schafer.<br>* Percepção auditiva.<br>* Som e silêncio.<br>* Sons da natureza.<br>* Som e ruído.<br>* Exploração das sonoridades da escola.<br>* A importância da escuta.<br>* Ampliação das aprendizagens musicais por meio da escuta.<br>* Apreciação musical. | Habilidades:<br>(EF69AR20) Explorar e analisar elementos constitutivos da música (altura, intensidade, timbre, melodia, ritmo etc.), por meio de recursos tecnológicos (*games* e plataformas digitais), jogos, canções e práticas diversas de composição/criação, execução e apreciação musicais. |

Fonte: elaborado pelas autoras

# Quadro 6 - Objetivos e Conteúdos propostos para o segundo trimestre letivo

**Objetivo: utilizar o *Ouvido Pensante* no aprimoramento de suas práticas musicais**

| Conteúdos: | Unidade Temática: Música |
|---|---|
| * *Ouvido Pensante*.<br>* Percepção auditiva aflorada.<br>* Qualificação da produção sonora.<br>* Afinação.<br>* Execução musical com percepção auditiva. | Habilidade:<br>(EF69AR19) Identificar e analisar diferentes estilos musicais, contextualizando-os no tempo e no espaço, de modo a aprimorar a capacidade de apreciação da estética musical. |

**Objetivo: identificar, por meio da escuta perceptiva, as *Quatro Estações*, de Vivaldi, distinguindo-as**

| Conteúdos: | Unidade Temática: Música |
|---|---|
| * As *Quatro Estações*, de Antonio Vivaldi.<br>* As estações do ano.<br>* Percepção auditiva.<br>* Distinção das estações por meio do *Ouvido Pensante*.<br>* Diferenciação de melodias em tonalidades maiores (alegres) e menores (tristes).<br>* Apreciação musical. | Habilidade:<br>(EF69AR18) Reconhecer e apreciar o papel de músicos e grupos de música brasileiros e estrangeiros que contribuíram para o desenvolvimento de formas e gêneros musicais. |

**Objetivo: conhecer e utilizar os Parâmetros Sonoros: altura, intensidade timbre e duração do som**

| Conteúdos: | Unidade Temática: Elementos da Linguagem |
|---|---|
| * Parâmetros sonoros.<br>* Altura do som.<br>* Timbre.<br>* Intensidade do som.<br>* Duração do som.<br>* Percepção auditiva.<br>* Notação musical e seus tempos.<br>* Intensidades: PP, P, MP, MF, F e FF.<br>* Alturas: grave, médio e agudo. | Habilidade:<br>(EF69AR20) Explorar e analisar elementos constitutivos da música (altura, intensidade, timbre, melodia, ritmo etc.), por meio de recursos tecnológicos (*games* e plataformas digitais), jogos, canções e práticas diversas de composição/criação, execução e apreciação musicais. |

Fonte: elaborado pelas autoras

O desenvolvimento das Propostas Pedagógicas Curriculares apresentadas aos(as) estudantes do sexto ano do ensino fundamental — anos finais no segundo trimestre do ano letivo vem aperfeiçoar as aprendizagens anteriores, construindo maiores percepções auditivas voltadas a compreensão da importância do som e do silêncio. Nessa etapa de ensino os(as) estudantes costumam ficar mais agitados(as), falantes e curiosos(as), observando tudo que acontece ao seu redor e dando visibilidade e maior alcance aos fatos. Por isso, no segundo trimestre letivo das aulas de Arte/Música, sugere-se que o(a) professor(a) desperte o interesse auditivo dos(as) educandos(as), oportunizando uma escuta mais sensível aos sons cotidianos.

Sendo assim, propõem-se apreciações musicais que contemplem *O Ouvido Pensante*, de Murray Schafer (1991), trabalhando as possibilidades auditivas do ouvido humano, o ouvido absoluto e a percepção dos sons no meio rural e/ou urbano com experimentações escolares e práticas exploratórias. É importante que os(as) educandos(as) compreendam o funcionamento do ouvido humano e como a exposição a frequências muito altas pode afetar as percepções auditivas de cada um(a), e eles(as) se tornam, assim, mais responsáveis pelo ambiente sonoro de sua escola.

Nessa perspectiva, as práticas rítmicas, voltadas ao desenvolvimento de habilidades motoras e perceptivas, compreendem um espaço de promoção de consciência auditiva que poderá ser ainda mais aprofundado por meio do desenvolvimento de um ouvido pensante (SCHAFER, 1991). Por meio deste trabalho pedagógico, será possível criar nos(as) estudantes percepções de força e intensidade que permitirão aperfeiçoar práticas instrumentais que permitam o controle do toque e da qualidade dos sons executados. Além disso, a compreensão da importância da escuta perceptiva promoverá práticas que contemplem o mesmo tom, o mesmo ritmo e a mesma velocidade na execução de peças musicais, qualificando o trabalho instrumental.

Outra prática auditiva proposta para esta etapa de ensino é a obra *As Quatro Estações*, de Antonio Vivaldi. A obra compreende quatro movimentos: verão, outono, inverno e primavera, sendo o último o mais conhecido e difundido pela mídia mundial. Cada movimento compreende sonoridades que remetem a estação do ano executada, trazendo movimento, alturas e dinâmicas que exploram as emoções e aguçam os sentidos do ouvinte.

Nessa atividade, os(as) estudantes farão escutas atentas, praticando a percepção sonora por meio do ouvido pensante proposto por Schafer (1991), identificando em cada movimento a qual estação do ano pertence aquela sonoridade. A profundidade da peça e a riqueza dos movimentos permitirá aos(as) educandos(as) desenvolver competências auditivas, qualificando também suas práticas instrumentais.

Fazendo apreciações musicais cotidianas e conhecendo a música clássica e suas sonoridades, todo trabalho pedagógico poderá ser pautado na apreciação perceptiva, desde a apresentação de uma nova música para ser executada nas aulas até a audição de diferentes canções propostas pelos(as) estudantes para as práticas musicais coletivas.

Nesse processo, sugere-se aprofundar conteúdos musicais que evidenciem a necessidade de uma escuta musical pautada na obra *O Ouvido Pensante* (SCHAFER, 1991). Entre estes saberes, os parâmetros sonoros: altura, intensidade, timbre e duração. Destaca-se que a utilização destes parâmetros de medida do som não vem a contribuir somente para a escuta perceptiva dos(as) educandos(as), mas também para a ampliação e o aprimoramento das práticas musicais deles(as), deixando as peças mais fluentes e facilitando a execução de instrumentos de percussão com as intensidades corretas. Dentre a agitação e o "barulhar" (LINO, 2010) dos(as) estudantes do sexto ano do ensino fundamental, dar ênfase à importância dos parâmetros sonoros na execução musical torna-se imprescindível para qualificar as práticas, especialmente para que todos toquem no mesmo compasso.

Ao dar sentido às práticas instrumentais dos(as) estudantes, poder-se-á, então, ampliar as possibilidades de repertório musical, oportunizando conhecimento na área e empoderando os(as) estudantes na execução precisa dos instrumentos musicais. Esse trabalho pedagógico atuará no fomento das práticas em Música, tanto de forma auditiva quanto perceptiva e tátil, definindo aspectos considerados abstratos para os(as) discentes em relação as sonoridades e apresentando maneiras de qualificar as práticas de modo que todos(as) os(as) educandos(as) consigam tocar de forma uniforme, uníssona, no mesmo tom e no mesmo compasso.

Ressalta-se que as práticas auditivo-instrumentais propostas aqui são primordiais para o desenvolvimento de todas as habilidades musicais por parte dos(as) estudantes, especialmente quando essas práticas são executadas na escola. Por isso, recomenda-se disponibilizar tempos de escuta e trabalhar de forma árdua na compreensão desses conhecimentos, auxiliando os(as) discentes na construção de habilidades necessárias também para outras atividades pedagógicas ao longo dos seus estudos. Os parâmetros sonoros, nesse processo, configuram-se em fundamentos da teoria musical que ampliam as possibilidades práticas de execução e, conjuntamente ao ouvido pensante, potencializam a qualidade sonora produzida nas práticas de Música na educação básica.

Para possibilitar as práticas auditivas propostas, sugere-se as seguintes estratégias de ensino e avaliação do segundo trimestre letivo, pautadas no trabalho desenvolvido com os(as) estudantes do sexto ao nono ano de uma escola da Rede Municipal de Ensino de Porto Alegre, RS:

## Quadro 7 - Estratégias de Ensino e Avaliação propostas para o segundo trimestre letivo

**Conhecer as notas musicais e suas possibilidades de execução instrumental**

- Estratégia: apropriação das notas musicais ao executar as mesmas com os instrumentos.
- Avaliação prática dos processos de execução instrumental em aula.

**Tocar e executar músicas populares com habilidade e qualidade sonora**

- Estratégia: práticas instrumentais coletivas com repertório que atenda o nível de aprendizagem dos(as) estudantes, bem como músicas conhecidas ou selecionadas por eles(as).
- Avaliação prática dos processos de execução instrumental em aula.

**Compreender o *Ouvido Pensante* de Schafer e suas formas de percepção auditivas**

- Estratégia: apreciação musical de sons do cotidiano. Audição de temas musicais para auxiliar na identificação.
- Avaliação escrita com o *Ouvido Pensante* e as *Quatro Estações* fazendo audições que solicitem o preenchimento de lacunas de acordo com suas percepções auditivas.

**Utilizar o *Ouvido Pensante* no aprimoramento de suas práticas musicais**

- Estratégia: aprimorar os conteúdos sonoros por meio da apreciação musical.
- Avaliação escrita com o "Ouvido Pensante" e as "Quatro Estações" fazendo audições que solicitem o preenchimento de lacunas de acordo com suas percepções auditivas.

**Identidficar, por meio da escuta percetiva, as *Quatro Estações* de Vivaldi, distinguindo-as**

- Estratégia: apropriação dos conteúdos sonoros por meio da apreciação musical de cada uma das estações compostas por Antonio Vivaldi.
- Avaliação escrita com o *Ouvido Pensante* e as *Quatro Estações* fazendo audições que solicitem o preenchimento de lacunas de acordo com suas percepções auditivas.

**Conhecer e utilizar os parâmetos sonoros: altura, intensidade, timbre e duração do som**

- Estratégia: utilização de vídeos multimídia para exexemplificação dos conteúdos, bem como jogos musicais de duração ou intensidade do som, atividades de apreciação dos timbres, das durações e das diferentes alturas do som etc.
- Avaliação escrita com os tempos de duração do som e audições que solicitem aos(as) estudantes que preencham lacunas de acordo com os timbres de cada instrumento musical por meio de suas percepções auditivas.

Fonte: elaborado pelas autoras

Partindo dessas aprendizagens sonoras, propõem-se as Propostas Pedagógicas Curriculares para o sexto ano do ensino fundamental voltado ao terceiro trimestre letivo.

## 1.3 Propostas Pedagógicas Curriculares para o sexto ano do ensino fundamental – Terceiro trimestre

Quadro 8 - Objetivos e Conteúdos propostos para o terceiro trimestre letivo

**Objetivo: desenvolver um Programa de Rádio Web Escolar com duração de 15 minutos para ir ao ar no intervalo das aulas escolares**

| Conteúdos: | Unidade Temática: Processos de Criação |
|---|---|
| * Produção de programas de rádio web escolar. <br> * Apreciação Musical. <br> * Criação de vinhetas. <br> * Seleção musical. <br> * Gravação. <br> * Edição musical. | Habilidade: <br> (EF69AR23) Explorar e criar improvisações, composições, arranjos, *jingles*, trilhas sonoras, entre outros, utilizando vozes, sons corporais e/ou instrumentos acústicos ou eletrônicos, convencionais ou não convencionais, expressando ideias musicais de maneira individual, coletiva e colaborativa. |

**Objetivo: compreender a importância da seleção musical para o desenvolvimento do Programa de Rádio Web, utilizando músicas do mesmo estilo musical ou do mesmo compositor na criação dos programas**

| Conteúdos: | Unidade Temática: Música |
|---|---|
| * Diferentes estilos Musicais. <br> * Compositores de cada estilo musical. <br> * Seleção musical. <br> * Apreciação Musical. | Habilidades: <br> (EF69AR18) Reconhecer e apreciar o papel de músicos e grupos de música brasileiros e estrangeiros que contribuíram para o desenvolvimento de formas e gêneros musicais. <br> (EF69AR19) Identificar e analisar diferentes estilos musicais, contextualizando-os no tempo e no espaço, de modo a aprimorar a capacidade de apreciação da estética musical. |

**Objetivo: utilizar e gravar áudios que promovam reflexões, aprendizagens e debates durante o desenvolvimento dos programas**

| Conteúdos: | Unidade Temática: Processos de Criação |
|---|---|
| * Gravação de programas de rádio web escolar. <br> * Dicção e fala. <br> * Construção de textos de fala. <br> * Conversão dos áudios em MP3. | Habilidade: <br> (EF69AR23) Explorar e criar improvisações, composições, arranjos, *jingles*, trilhas sonoras, entre outros, utilizando vozes, sons corporais e/ou instrumentos acústicos ou eletrônicos, convencionais ou não convencionais, expressando ideias musicais de maneira individual, coletiva e colaborativa. |

Fonte: elaborado pelas autoras

PROPOSTAS PEDAGÓGICAS PARA O ENSINO DE MÚSICA NA EDUCAÇÃO BÁSICA

Quadro 9 - Objetivos e Conteúdos propostos para o terceiro trimestre letivo

**Objetivo: editar o Programa de Rádio Web utilizando o editor REAPER com propriedade e compreensão auditiva**

| Conteúdos: | Unidade Temática: Processos de Criação |
|---|---|
| * Edição Musical.<br>* Computação.<br>* Inserção de músicas.<br>* Inserção e edição de efeitos sonoros.<br>* Inserção e edição de áudios explicativos.<br>* Inserção e edição de vinhetas por programa. | **Habilidade:**<br>(EF69AR23) Explorar e criar improvisações, composições, arranjos, *jingles*, trilhas sonoras, entre outros, utilizando vozes, sons corporais e/ou instrumentos acústicos ou eletrônicos, convencionais ou não convencionais, expressando ideias musicais de maneira individual, coletiva e colaborativa. |

**Objetivo: desenvolver um Programa de Rádio Web com duração de 60 minutos para ir ao ar no site de Rádio Web da Escola**

| Conteúdos: | Unidade Temática: Processos de Criação |
|---|---|
| * Produção de programas de rádio web com maior duração.<br>* Seleção de novas músicas.<br>* Download de novas músicas.<br>* Gravação do programa. | **Habilidade:**<br>(EF69AR23) Explorar e criar improvisações, composições, arranjos, *jingles*, trilhas sonoras, entre outros, utilizando vozes, sons corporais e/ou instrumentos acústicos ou eletrônicos, convencionais ou não convencionais, expressando ideias musicais de maneira individual, coletiva e colaborativa. |

**Objetivo: produzir programas que contemplam a aprendizagem musical, a identidade musical de cada aluno e suas percepções auditivas**

| Conteúdos: | Unidade Temática: Processos de Criação |
|---|---|
| * Definição da Identidade Musical dos alunos.<br>* Identificação do estilo musical preferido.<br>*Identificação dos compositores preferidos.<br>* Produção e edição de programas de rádio escolares. | **Habilidade:**<br>(EF69AR23) Explorar e criar improvisações, composições, arranjos, *jingles*, trilhas sonoras, entre outros, utilizando vozes, sons corporais e/ou instrumentos acústicos ou eletrônicos, convencionais ou não convencionais, expressando ideias musicais de maneira individual, coletiva e colaborativa. |

Fonte: elaborado pelas autoras

43

O desenvolvimento das Propostas Pedagógicas Curriculares apresentadas aos(as) estudantes do sexto ano do ensino fundamental — anos finais no terceiro trimestre do ano letivo objetiva inserir os(as) educandos(as) no universo das criações e produções musicais com a utilização da tecnologia e de editores de áudio que possibilitem, por meio de efeitos sonoros, construir programas de rádio interativos e divertidos. As propostas compreendem utilizar a sala de informática para editar, gravar e criar os programas de rádio da escola, contextualizando cada etapa do trabalho.

Em fase inicial, é importante conhecer a instituição de ensino e os gostos musicais de cada estudante. Pode-se fazer uma pesquisa sobre o que os(as) educandos(as) mais escutam e quais seus estilos musicais preferidos. Além disso, é importante fazer uma proposta semanal para os programas de rádio, que poderão ir ao ar nos intervalos das aulas. Sendo assim, um grupo de alunos(as) poderá se responsabilizar por cada semana, promovendo programas com temas diversos e procurando não disponibilizar sempre os mesmos conteúdos ou as mesmas melodias. É importante também que o(a) professor(a) estipule um dia da semana fixo para o dia da aprendizagem musical na escola, propondo programas que tragam novidades musicais, histórias de bandas e/ou artistas da área da Música, bem como estilos musicais menos ouvidos, proporcionando a ampliação do repertório discente.

A proposta contempla duas etapas de produção: a) criação de programas de rádio escolar com duração de 15 minutos, contemplando o período de intervalo da escola; b) criação de programas de rádio escolar com duração de 60 minutos para irem ao ar na rádio web escolar. Cada programa de 15 minutos tocará cinco músicas, considerando que as canções tem, em média, três minutos cada. Assim, os(as) estudantes farão uma seleção atenta das peças que poderão fazer parte do trabalho, organizando os materiais de acordo com o estilo musical ou com a temática escolhida.

Ressalta-se que as músicas estarão previamente gravadas e editadas pelas próprias editoras, não apresentando novidades musicais. Por isso, o trabalho dos(as) estudantes será produzir vinhetas e efeitos sonoros de transição entre as obras, não deixando a rádio silenciar. Será feita, ainda, a gravação da apresentação inicial do trabalho, introduzindo os ouvintes a apreciar a temática escolhida para os programas de rádio, trazendo novidades, biografias e curiosidades sobre a obra e/ou seus compositores. Sendo assim, os(as) educandos(as) serão responsáveis pela promoção da educação musical escolar e estarão conectando professores(as), estudantes, pais e funcionários(as) a apreciações auditivas contextualizadas e qualificadas dentro da escola.

Já os programas de rádio com duração de 60 minutos serão produzidos com a utilização de 20 obras musicais em média, promovendo um aprofundamento da temática inicial selecionada pelos(as) estudantes ou mesmo a criação de um novo programa com outra proposta musical. Este trabalho demandará que os(as) discentes estejam atentos a todas as sonoridades inseridas, desde as músicas baixas — para checar se não há falhas nas gravações — até suas transições, visto que o programa é maior e mais denso. Por isso, durante as gravações também podem ser feitas entrevistas, *podcasts*, indicações de filmes ou programas, promovendo um trabalho interdisciplinar e interativo.

Para facilitar os trabalhos, é importante baixar um editor de música portátil ou de livre instalação, para que todos os computadores estejam preparados para a produção dos programas de rádio. Além disso, pode-se deixar uma pasta virtual na área de trabalho dos computadores, contendo inúmeros efeitos sonoros, tais como: vinhetas, risos, sons de portas, pessoas, aplausos, veículos, entre outros, assim, como músicas populares que os(as) estudantes têm a possibilidade utilizar em suas criações. Com os(as) discentes, pode-se elaborar uma vinheta para os programas da turma ou deixar que cada estudante individualmente ou em dupla introduza diferentes efeitos sonoros na transição das canções, deixando os trabalhos ainda mais profissionais.

A rádio web escolar pode ser produzida por meio de sites que disponibilizem este tipo de proposta musical. Todavia, toda a criação e produção dos programas de rádio escolar poderá compor, também, um espaço de divulgação dos conhecimentos discentes em Música e a promoção de novos saberes musicais, utilizando as ferramentas tecnológicas como o celular, o WhatsApp, entre outras, para a gravação e transmissão dos programas, promovendo escutas atentas e perceptivas nos espaços da escola.

Para conhecer um pouco do trabalho desenvolvido na escola investigada, acesse o site dos programas de rádio[2] e confira algumas das possibilidades musicais. Estas Propostas Pedagógicas Curriculares contemplam a rádio escolar como espaço de veiculação dos trabalhos dos(as) estudantes, pois objetiva o desenvolvimento de práticas de música para o acesso de toda a comunidade da escola, inferindo significados aos fazeres e saberes sonoros. Com isso, a educação musical escolar ganhará ainda mais espaço dentro do currículo das instituições de ensino, e, principalmente, engajará os(as) discentes com práticas sonoras nessa etapa da educação básica.

Para possibilitar a implementação dos programas de rádio na escola, bem como a edição destes, sugere-se as seguintes estratégias de ensino e avaliação, pautadas no trabalho desenvolvido com os(as) estudantes de uma escola da RME-POA, RS:

---

[2] https://daniele-ertel.wixsite.com/radioescolar

## Quadro 10 - Estratégias de Ensino e Avaliação propostas para o terceiro trimestre letivo

**Desenvolver um Programa de Rádio Web Escolar com duração de 15 minutos para ir no intervalo das aulas escolares**

- Estratégia: Trabalhar com a sala de informática utilizando um editor de áudio portátiL: Reaper, selecionada e baixando as músicas escolhidas pelos(as) estudantes, inserindo as música no editor, gravando a locução e editando o material.
- Avaliação por meio da audição do programa, avaliando a locução, a seleção das músicas de acordo com a temática e os efeitos de transição musical.

**Compreender a importância da seleção musical para o desenvolvimento do Programa de Rádio Web, utilizando músicas do mesmo estilo musical ou do mesmo compositor na criação dos programas**

- Estratégia: estudar as temáticas selecionadas produzindo locuções de qualidade que possibilitem contextualizar cada programa de rádio.
- Avaliação da locução dos programas com ênfase na contextualização realizada quanto ao estilo musical, os(as) compositores(as) e suas vivências artístico-musicais.

**Utilizar e gravar áudios que promovam reflexões, aprendizagens e debates durante o desenvolvimentos dos programas**

- Estratégia: estudar as temáticas selecionadas produzindo locuções de qualidade que possibilitem contextualizar cada programa de rádio.
- Avaliação da locução dos programas com ênfase na contextualização realizada quanto ao estilo musical, os(as) compositores(as) e suas vivências artístico-musicais.

**Editar o Programa de Rádio Web utilizando um editor de áudio com propriedade e compreensão auditiva**

- Estratégia: trabalhar com a sala de informática utilizando um editor de áudio portátil Reaper, selecionada e baixando as músicas escolhidas pelos(as) estudantes, inserindo as música no editor, gravando a locução e editando o material.
- Avaliação por meio da audição do programa, avaliando a locução e a transição.

**Desenvolver um Programa de Rádio Web com duração de 60 minutos para ir ao ar no site de Rádio Web da escola**

- Estratégia: edição musical de uma programa com mais de 20 músicas, utilizando o editor de áudio, gravando e editando a transição das canções.
- Avaliação por meio da audição do programa, avaliando a locução e a transição.

**Produzir programas que contemplem a aprendizagem musical, a identidade musical do(a) estudante e suas percepções auditivas**

- Estratégia: trabalhar com a sala de informática utilizando um editor de áudio portátil Reaper, selecionada e baixando as músicas escolhidas pelos(as) estudantes, inserindo as música no editor, gravando a locução e editando o material.
- Avaliação por meio da audição do programa, avaliando a locução e a transição.

Fonte: elaborado pelas autoras

Partindo das aprendizagens apresentadas nas Propostas Pedagógicas Curriculares para o sexto ano do ensino fundamental voltado ao terceiro trimestre letivo, será possível ampliar as explorações e vivências musicais dos(as) estudantes, visando aumentar as competências e habilidades musicais do grupo discente.

Por fim, ressalta-se que todas as explorações musicais propostas para essa faixa etária necessitarão de muito esforço por parte do(a) educador(a) envolvido com as propostas. Isso porque os(as) estudantes do sexto ano, em geral, não argumentarão quanto ao conteúdo das aulas ou mesmo referente as atividades desenvolvidas, mas, sim, quanto as suas questões organizacionais, que são as grandes dificuldades desse público. É importante lembrar que quando não há motivação por parte dos(as) estudantes, devemos fazer com que eles(as) se envolvam com suas aprendizagens, engajando-se nas diversas práticas.

Destaca-se, nesse sentido, que cada uma das propostas ofertadas para os(as) estudantes do sexto ano do ensino fundamental — anos finais deverá contemplar todos(as) os(as) educandos(as) presentes na sala. Não se pode pensar em atividades de revezamento de materiais, pois este grupo não compreende esta logística. Atuar com um estilo motivacional e integrador também é importante. Lembre-se: é o(a) professor(a) quem propõe a atividade musical, mas são os(as) estudantes que decidem se participarão das propostas.

Por isso, torne seus(a) alunos(a) protagonistas de suas práticas (FREIRE, 1996), tratando de emponderá-los(as) para que tenham percepções de sucesso, interesse e utilidade dos saberes musicais (JONES, 2009), fomentando neles(as) o desejo de seguir estudando Música nos demais níveis da educação básica e fazendo com que suas aprendizagens sejam reais e significativas (ERTEL, 2023).

Pensar e estruturar propostas exploratórias e práticas para o ensino de Música com estudantes do sexto ano do ensino fundamental torna-se, assim, o marco inicial para a compreensão sonoro-musical dos(as) educandos(as), possibilitando uma aprendizagem crescente ao dar seguimento às vivências em Música nos anos letivos seguintes. Sendo assim, apresentam-se, a seguir, as Propostas Pedagógicas Curriculares para o ensino de Música no sétimo ano do ensino fundamental — anos finais, partindo das vivências propostas anteriormente.

# 2

# PROPOSTAS PEDAGÓGICAS CURRICULARES PARA O SÉTIMO ANO DO ENSINO FUNDAMENTAL

A seguir, são apresentadas atividades e propostas pedagógicas a serem implementadas com estudantes do sétimo ano do ensino fundamental — anos finais, tendo por objetivo ampliar e qualificar as práticas músico-instrumentais, trabalhando com estilos musicais conhecidos pelos(as) estudantes e incentivando-os(as) a cantar e explorar outras possibilidades rítmicas. Esta etapa de aprendizagem escolar compreende, em sua maioria, estudantes de 12 a 13 anos de idade que fazem a transição para a adolescência, e atua no fortalecimento da maturidade para o desenvolvimento das tarefas do dia a dia.

Para tanto, são apresentadas propostas pedagógicas que envolvam os(as) estudantes com suas aprendizagens musicais, incentivando-os(as) a executar músicas populares e compreender suas dinâmicas, tonalidades e ritmos. Propõem-se, assim, práticas instrumentais e a aprendizagem dos estilos musicais Funk e Rap, conhecendo suas inserções nas comunidades periféricas brasileiras, suas especificidades e os preconceitos que envolvem suas práticas, bem como seu contexto e contribuição histórica.

A escolha pela execução músico-instrumental destes estilos se deu pelo maior envolvimento dos(as) estudantes com estas práticas, o que se justifica pela idade dos(as) educandos(as), por suas vivências musicais prévias, pela sua pouca experiência expositiva e pela possibilidade de utilizar acompanhamentos eletrônicos para tocar e cantar nas aulas, ampliando as explorações dos(as) estudantes de Música.

Esse processo compreende tanto as práticas musicais apresentadas pelos(as) estudantes quanto canções propostas pelo(a) professor(a), por isso é tão rico musicalmente. Nesse sentido, o(a) educador(a) aponta novas possibilidades musicais relacionadas com estes estilos, identificados como os favoritos dos(as) discentes. E por meio delas, as práticas se potencializam, podendo ser trabalhadas músicas exclusivamente instrumentais ou paródias, evitando palavras que não coincidem com o ambiente escolar. Pode-se trabalhar, portanto, diferentes inserções destes estilos musicais, debatendo-os.

Partindo destes pontos, elaborou-se as Propostas Pedagógicas Curriculares para o sétimo ano do ensino fundamental, sendo descritos, a seguir, os objetivos considerados relevantes para o primeiro trimestre letivo. Confira, assim, as competências e habilidades a serem desenvolvidas junto aos(as) estudantes do sétimo ano com base na BNCC e nos estudos realizados na Rede Municipal de Ensino de Porto Alegre, RS.

# 2.1 Propostas Pedagógicas Curriculares para o sétimo ano do ensino fundamental – Primeiro trimestre

Quadro 11 - Objetivos e Conteúdos propostos para o primeiro trimestre letivo

**Objetivo: conhecer o Rap enquanto estilo musical, suas formas de produção sonora e execução**

**\* Este estilo musical pode ser alterado, modificando as demais propostas de acordo com cada estilo musical**

| Conteúdos: | Unidade Temática: Música |
|---|---|
| \* Estilo musical Rap. <br> \* Formas de produção sonora do Rap. <br> \* Composição de poesias ritmadas. <br> \* Dicas dos compositores de Rap para as batalhas. <br> \* Batalhas de Rap. | Habilidade: <br> (EF69AR19) Identificar e analisar diferentes estilos musicais, contextualizando-os no tempo e no espaço, de modo a aprimorar a capacidade de apreciação da estética musical. |

**Objetivo: compreender a utilização da "rima musical" e saber utilizá-la**

| Conteúdos: | Unidade Temática: Elementos da Linguagem |
|---|---|
| \* Leitura textual. <br> \* Aprofundamento da estrutura dos versos e rimas utilizados para a composição do Rap. <br> \* Composição de poesias ritmadas. <br> \* Dicas dos compositores de Rap para as batalhas. <br> \* Batalhas de Rap. | Habilidade: <br> (EF69AR20) Explorar e analisar elementos constitutivos da música (altura, intensidade, timbre, melodia, ritmo etc.), por meio de recursos tecnológicos (*games* e plataformas digitais), jogos, canções e práticas diversas de composição/criação, execução e apreciação musicais. |

**Objetivo: executar as músicas de Rap por meio do canto e/ou da prática instrumental**

| Conteúdos: | Unidade Temática: Materialidades |
|---|---|
| \* Composição de versos rítmicos observando as rimas musicais. <br> \* Prática instrumental com a utilização de diferentes instrumentos disponíveis na escola. <br> \* Aprendizagem das notas musicais e suas posições nos instrumentos. <br> \* Batalhas de Rap. <br> \* Execução de músicas de Rap. <br> \* Música popular brasileira. | Habilidade: <br> (EF69AR21) Explorar e analisar fontes e materiais sonoros em práticas de composição/criação, execução e apreciação musical, reconhecendo timbres e características de instrumentos musicais diversos. |

Fonte: elaborado pelas autoras

Quadro 12 - Objetivos e Conteúdos propostos para o primeiro trimestre letivo

**Objetivo: apropriar-se do verso e suas formas de execução dentro do Rap**

| Conteúdos: | Unidade Temática: Processos de Criação |
|---|---|
| * Trabalho rítmico vocal com o canto do Rap.<br>* Composição de versos rítmicos observando as rimas musicais.<br>* Batalhas de Rap com temáticas para ampliação das práticas.<br>* Leitura textual.<br>* Composição de uma música de Rap.<br>* Gravação de cada composição.<br>* Edição musical da gravação com batidas de Rap. | Habilidade:<br>(EF69AR23) Explorar e criar improvisações, composições, arranjos, *jingles*, trilhas sonoras, entre outros, utilizando vozes, sons corporais e/ou instrumentos acústicos ou eletrônicos, convencionais ou não convencionais, expressando ideias musicais de maneira individual, coletiva e colaborativa. |

**Objetivo: conhecer a história do Rap e suas articulações sociais, envolvendo o sentido de comunidade**

| Conteúdos: | Unidade Temática: Contextos e Práticas |
|---|---|
| * Apreciação Musical.<br>* RAP e suas articulações sociais.<br>* A inserção do Rap como estilo musical na sociedade.<br>* O que o Rap ensina.<br>* Cultura do Rap.<br>* Rapper do Brasil e do mundo.<br>* A presença do Rap nas comunidades. | Habilidades:<br>(EF69AR16) Analisar criticamente, por meio da apreciação musical, usos e funções da música em seus contextos de produção e circulação, relacionando as práticas musicais às diferentes dimensões da vida social, cultural, política, histórica, econômica, estética e ética.<br>(EF69AR17) Explorar e analisar, criticamente, diferentes meios e equipamentos culturais de circulação da música e do conhecimento musical. |

**Objetivo: produzir programas de rádio escolar que deem seguimento ao trabalho iniciado e contemplam a aprendizagem musical, a identidade musical de cada aluno e suas percepções auditivas**

| Conteúdos: | Unidade Temática: Processos de Criação |
|---|---|
| * Produção e edição de programas de rádio escolares.<br>* Definição da Identidade Musical dos alunos.<br>* Identificação do estilo musical preferido.<br>*Identificação dos compositores preferidos. | Habilidade:<br>(EF69AR23) Explorar e criar improvisações, composições, arranjos, *jingles*, trilhas sonoras, entre outros, utilizando vozes, sons corporais e/ou instrumentos acústicos ou eletrônicos, convencionais ou não convencionais, expressando ideias musicais de maneira individual, coletiva e colaborativa. |

Fonte: elaborado pelas autoras

O desenvolvimento das Propostas Pedagógicas Curriculares apresentadas aos(as) estudantes do sétimo ano do ensino fundamental — anos finais no primeiro trimestre do ano letivo, tem por objetivo motivar os(as) educandos(as) a executar músicas populares e explorar possibilidades poéticas por meio do estilo musical Rap, originado do inglês *Rhythm and Poetry*, que significa ritmo e poesia. O estilo traz poemas rimados e ritmados que utilizam batidas eletrônicas ou *beat box* como a base musical que acompanha os rappers em suas práticas vocais, muitas vezes em batalhas de Rap.

Desta forma, propõe-se que os(as) estudantes iniciem as práticas escrevendo dois versos ou um pequeno poema que utilize rimas. Depois, coloca-se uma batida para tocar e, com um microfone, o(a) docente interage com os(as) educandos(as) dando a vez para cada um(a) reproduzir um discurso ritmado. Partindo de um jogo realizado em aula, amplia-se as discussões acerca das proposições e dos discursos trazidos pelos(as) rappers durante as batalhas, bem como as diferentes possibilidades apresentadas por uma batida.

Ao trabalhar com esse estilo musical, deve-se, sobretudo, instigar os(as) discentes a produzir música com o que tem a falar sobre si e sobre suas vivências cotidianas, principal tema das batalhas. No desenvolvimento desses discursos ritmados, será estabelecido um vínculo entre professor(a) e aluno(a) e entre os(as) próprios(as) estudantes, oportunizando a promoção de experiências musicais para que eles(as) sintam-se pertencentes ao grupo e à comunidade escolar. Cada educando(a) poderá, assim, expressar o que pensa e está sentindo, bem como o que se passa no contexto geográfico, social e cultural do seu país, cidade, bairro ou comunidade, refletindo sobre temáticas sociais imprescindíveis para a formação do sujeito.

Esse fazer musical impregna significados aos saberes discentes, favorecendo não somente a aprendizagem de um novo estilo musical, mas a construção de uma aprendizagem mais sólida e eficaz por meio de atividades e práticas musicais que contemplem os conhecimentos e as vivências de cada educando(a).

Por isso, propõe-se que os(as) discentes assistam batalhas de rappers ou vídeos de profissionais que ensinem diversas formas de composição dos discursos ritmados para compreenderem a produção de rimas e suas diferentes possibilidades musicais. Se for possível, pode-se chamar um(a) rapper conhecido pelos(as) estudantes para que fale, seja presencial ou virtualmente, sobre seu trabalho e sua trajetória de vida, contemplando a importância dos estudos para a produção das rimas. Em geral, a leitura está vinculada ao trabalho dos(as) rappers, especialmente na ampliação do repertório linguístico, indispensável ao(à) rapper que participa de batalhas com rimas que fluam naturalmente.

Sendo assim, a escolha pela execução de Raps nas aulas de Música pode compreender um crescimento dos saberes rítmicos e sonoros, e também linguístico, silábico, textual, auditivo e vocal, em que os(as) educandos(as) iniciarão suas batalhas discursando, ritmando e mostrando a sua voz. Esta proposta conduz as aulas de Música para novos olhares e possibilidades, tanto por parte do(a) professor(a) quanto por parte dos(as) discentes. Os(as) estudantes entendem, enfim, que podem produzir música cantando, o que demonstram ter muita dificuldade para executar.

A partir desta proposta, então, amplia-se práticas músico-instrumentais com bases de Rap. Em cada execução, são selecionadas canções populares para ser interpretadas pelos(as) estudantes com o auxílio de instrumentos musicais disponíveis na escola. Além disso, pode-se iniciar o processo de composição musical por meio de produções de Rap criadas pelos(as) próprios(as) educandos(as), contemplando as aprendizagens realizadas.

Nesse sentido, os(as) discentes terão a oportunidade não somente de executar músicas cantadas por artistas da área, mas também praticar canções compostas por seus pares, evidenciando o talento de cada estudante. Por isso, ao finalizar o trimestre, o grupo poderá preparar programas para a rádio da escola em que apresentam trabalhos voltados à temática e/ou composições próprias, de acordo com o andamento das atividades musicais realizadas com cada grupo de estudantes.

Estas e outras propostas podem ser ampliadas e adaptadas a cada realidade escolar, sendo possível modificar os métodos de trabalho ou mesmo o estilo musical. Parte-se da proposta de que os(as) educandos(as) sejam instigados(as) musicalmente e motivados(as) a desenvolver habilidades musicais com músicas das quais gostem e que tenham acesso tanto nas aulas de Música quanto em outros espaços em que estejam inseridos(as).

Assim, a disciplina de Música na escola também passará a inferir significados nas vivências de cada discente, gerando novos conhecimentos e ampliando saberes que os(as) educandos(as) compreendiam como apreendidos. Isso amplia não somente os conhecimentos musicais, mas oportuniza reflexões acerca de diferentes movimentos ligados a música e as questões sociais, contemplando a sonoridade das periferias brasileiras que dominou o país. Desta forma, o espaço escolar, por meio da aula de Música, passa a ser palco de estudantes apaixonados(as) por suas práticas que, ao se sentirem representados(as) pela música que tocam, poderão sentir-se motivados(as), empoderados(as) e competentes musicalmente, aprendendo sempre mais com a aula de Música na escola.

Para possibilitar a aprendizagem do Rap, as seguintes estratégias de ensino e avaliação são sugeridas, pautadas no trabalho desenvolvido com os(as) estudantes de uma escola da Rede Municipal de Ensino de Porto Alegre, RS:

## Quadro 13 - Estratégias de Ensino e Avaliação propostas para o primeiro trimestre letivo

**Conhecer o Rap enquanto estilo musical, suas formas de produção sonora e execução**

- Estratégia: trabalho multimídia com dicas, fatos históricos, composições específicas desse estilo musical e apontamentos práticos para a execução vocal do RAP;
- Avaliação do processo de aprendizagem do Rap, suas formas de execução musical, seu histórico, o seu discurso ritmado e a cultura que o estilo envolve.

**Compreender a utilização da "rima musical" e saber utilizá-la**

- Estratégia: trabalho de composição de versos com rimas, iniciando com aspectos pessoais.
- Avaliação das apropriações das práticas musicais: jogos e batalhas de Rap.

**Executar as músicas de Rappers meio do canto e/ou da prática instrumental**

- Estratégia: canto coletivo de Raps produzidos pelos(as) estudante. Banda Poesia Acústica. Práticas instrumentais coletivas.
- Avaliação da formação de habilidades práticas de execução musical

**Apropriar-se do verso e suas formas de execução dentro do Rap**

- Estratégia: composições de rimas de Rap construindo um trabalho literário com as obras da turma.
- Avaliação das apropriações práticas instrumentais coletivas, jogando jogos de rima e avaliando as batalha de Rap.

**Conhecer a história do Rap e suas articulações sociais, envolvendo o sentido de comunidade**

- Estratégia: trabalho multimídia com dicas, fatos históricos, composições específicas deste estilo musical e apontamentos práticos para a execução vocal do Rap.
- Avaliação do processo de aprendizagem do Rap, suas formas de execução musical, seu hist, seu discurso hitmado e a cultura que o estilo envolve.

**Produzir programas de rádio escolar que contemplem a identidade musical e suas percepções auditivas**

- Estratégia: trabalhar com o editor de música Reaper, baixando as músicas selecionadas, gravando a locução e inserindo o material sonoro.
- Apreciação do Programa de Rádio, observando as locuções dos programas, a seleção das música de cada temática e os efeitos de transição entre as canções.

Fonte: elaborado pelas autoras

Partindo dessas aprendizagens sonoras, propõem-se as Propostas Pedagógicas Curriculares do sétimo ano do ensino fundamental voltado ao segundo trimestre letivo.

## 2.2 Propostas Pedagógicas Curriculares para o sétimo ano do ensino fundamental – Segundo trimestre

Quadro 14 - Objetivos e Conteúdos propostos para o segundo trimestre letivo

**Objetivo: conhecer o Funk e suas variáveis musicais, perpassando o Funk americano e o Funk carioca**

\* Este estilo musical pode ser alterado, modificando as demais propostas de acordo com cada estilo musical

| Conteúdos: | Unidade Temática: Música |
|---|---|
| \* Repertório Musical.<br>\* Estilo musical Funk.<br>\* Diferenças entre Funk carioca e Funk americano.<br>\* Origem do Funk.<br>\* Principais compositores do estilo Funk. | Habilidades:<br>(EF69AR18) Reconhecer e apreciar o papel de músicos e grupos de música brasileiros e estrangeiros que contribuíram para o desenvolvimento de formas e gêneros musicais.<br>(EF69AR19) Identificar e analisar diferentes estilos musicais, contextualizando-os no tempo e no espaço, de modo a aprimorar a capacidade de apreciação da estética musical. |

**Objetivo: compreender as formas rítmico-musicais do Funk e suas contribuições para a música popular brasileira**

| Conteúdos: | Unidade Temática: Música |
|---|---|
| \* Formas musicais do Funk.<br>\* Cultura Musical de Rua.<br>\* Cultura Musical de Vila.<br>\* Cultura Musical Brasileira.<br>\* Música Popular Brasileira. | Habilidade:<br>(EF69AR19) Identificar e analisar diferentes estilos musicais, contextualizando-os no tempo e no espaço, de modo a aprimorar a capacidade de apreciação da estética musical. |

**Objetivo: praticar os diferentes timbres e ritmos de Funk com os instrumentos musicais, compreendendo sua utilização**

| Conteúdos: | Unidade Temática: Materialidades |
|---|---|
| \* Estilo musical Funk.<br>\* Prática de conjunto instrumental.<br>\* Ritmo de Funk.<br>\* Diferenciação dos ritmos de Funk no Brasil.<br>\* Canto.<br>\* Cifras para Violão.<br>\* Cifras para Teclado.<br>\* Batidas rítmicas para percussão. | Habilidade:<br>(EF69AR21) Explorar e analisar fontes e materiais sonoros em práticas de composição/criação, execução e apreciação musical, reconhecendo timbres e características de instrumentos musicais diversos. |

Fonte: elaborado pelas autoras

# Quadro 15 - Objetivos e Conteúdos propostos para o segundo trimestre letivo

## Objetivo: desenvolver o canto e a prática dos instrumentos musicais observando as formas musicais do Funk

| Conteúdos: | Unidade Temática: Materialidades |
|---|---|
| * Prática Instrumental.<br>* Canto.<br>* Notas Musicais.<br>* Ritmos musicais.<br>* Paródias.<br>* Expressão musical. | Habilidade:<br>(EF69AR21) Explorar e analisar fontes e materiais sonoros em práticas de composição/criação, execução e apreciação musical, reconhecendo timbres e características de instrumentos musicais diversos. |

## Objetivo: apropriar-se das diferentes formas de expressão do Funk

| Conteúdos: | Unidade Temática: Contextos e Práticas |
|---|---|
| * Trabalho rítmico vocal com o canto do Funk.<br>* Composição de versos observando as rimas musicais.<br>* Leitura músico-histórica do Funk.<br>* Pesquisa sobre o Funk e suas expressões populares no Brasil. | Habilidades:<br>(EF69AR16) Analisar criticamente, por meio da apreciação musical, usos e funções da música em seus contextos de produção e circulação, relacionando as práticas musicais às diferentes dimensões da vida social, cultural, política, histórica, econômica, estética e ética.<br>(EF69AR17) Explorar e analisar, criticamente, diferentes meios e equipamentos culturais de circulação da música e do conhecimento musical. |

## Objetivo: conhecer a história do Funk e suas articulações sociais, envolvendo o sentido de comunidade

| Conteúdos: | Unidade Temática: Contextos e Práticas |
|---|---|
| * Apreciação musical.<br>* Funk e suas articulações sociais.<br>* A inserção do Funk como estilo musical na sociedade.<br>* O que o Funk ensina.<br>* Cultura do Funk.<br>* Funkeiros do Brasil e do mundo.<br>* A presença do Funk nas comunidades. | Habilidades:<br>(EF69AR16) Analisar criticamente, por meio da apreciação musical, usos e funções da música em seus contextos de produção e circulação, relacionando as práticas musicais às diferentes dimensões da vida social, cultural, política, histórica, econômica, estética e ética.<br>(EF69AR17) Explorar e analisar, criticamente, diferentes meios e equipamentos culturais de circulação da música e do conhecimento musical. |

Fonte: elaborado pelas autoras

O desenvolvimento das Propostas Pedagógicas Curriculares apresentadas aos(as) estudantes do sétimo ano do ensino fundamental — anos finais no segundo trimestre do ano letivo vem contribuir com o estilo musical Rap, já trabalhado com os(as) educandos(as). Neste trimestre propõe-se que sejam desenvolvidas práticas músico-instrumentais com o estilo musical Funk, mais precisamente o Funk carioca, que é o mais conhecido no Brasil. Esta proposta pedagógica contempla, portanto, conhecimentos rítmicos, vocais e instrumentais acerca do estilo e da sua representação social.

Por meio desta proposta, os(as) estudantes poderão conhecer as influências musicais e históricas desse estilo que se popularizou primeiramente nos Estados Unidos e tem sua origem na cultura africana. Para tanto, é importante que sejam trabalhados os(as) grandes compositores(as) do Funk americano e suas origens, oportunizando aos(as) discentes contextualizar suas práticas.

Além disso, pode-se trabalhar, ainda, a origem do Funk brasileiro e suas diferentes batidas, que tiveram outras influências ao longo dos anos no país. Desse modo, os(as) educandos(as) poderão praticar o Funk em seus diversos contextos de inserção. Portanto, considera-se primordial trabalhar com a representação social que o Funk tem no cenário brasileiro, desmistificando a vulgaridade das letras e proporcionando aos(as) discentes uma reflexão acerca do conteúdo musical que lhes é ofertado por meio dessas produções. Nesse debate, poder-se-á retratar o papel da mulher como herdeira de inúmeros (pre)conceitos sociais presentes nas canções e a necessidade de composições que retratem a mulher como verdadeira força que move as famílias e as empresas de todo país.

Ao trabalhar com esse estilo, propõem-se práticas primordialmente rítmicas e vocais, com canções populares que tragam as comunidades brasileiras para dentro da escola e, ao mesmo tempo, tornem o Funk espaço de promoção de respeito, cidadania e responsabilidade social por meio de paródias de Funks que não vulgarizam a sociedade.

A prática musical do Funk, contudo, pode ser adaptada e substituída por outro estilo musical de maior preferência dos(as) estudantes. Todavia, o trabalho foi selecionado para promover reflexões acerca das canções populares que os(as) discentes acessam pelas mídias e reproduzem em seu cotidiano, seja por ações ou palavras. Por isso, acredita-se ser de fundamental importância o Funk ser trabalhado nessa faixa etária, debatendo com estudantes que já compreendem os discursos interditos nas letras de suas músicas, e inferindo nos(as) discentes percepções sonoras mais qualificadas que possam auxiliar os(as) educandos(as) a produzir músicas de maior qualidade vocal e instrumental.

Para possibilitar a aprendizagem do Funk, as seguintes estratégias de ensino e avaliação são sugeridas, pautadas no trabalho desenvolvido com os(as) estudantes de uma escola da Rede Municipal de Ensino de Porto Alegre, RS:

## Quadro 16 - Estratégias de Ensino e Avaliação propostas para o segundo trimestre letivo

**Conhecer o Funk e suas variáveis musicais, perpassando o Funk americano e o Funk brasileiro**

- Estratégia: vídeos explicativos sobre a origem do Funk; vídeos para a apreciação das diferentes formas rítmicas do Funk carioca e do Funk americano.
- Avaliação do processo de aprendizagem musical do Funk; avaliação das contribuições das aprendizagens sobre Funk na obra literária composto coletivamente.

**Compreender as formas rítmico-musicais do Funk e suas contribuições para a música popular brasileira**

- Estratégia: vídeos explicativos sobre a origem do Funk; leitura de obras de Funk, trabalhando possibilidades literárias; composição de paródias; ampliação de repertório de Funk popular brasileiro.
- Avaliação do processo de aprendizagem musical do Funk; avaliação das contribuições das aprendizagens sobre Funk na obra literária composto coletivamente.

**Praticar os diferentes timbres e ritmos de Funk com os instrumentos musicais, compreendendo sua utilização**

- Estratégia: práticas instrumentais para a compreensão de cada forma rítmica.
- Avaliação do processo de prática instrumental do Funk; avaliação da participação dos(as) estudantes no processo de ensino e aprendizagem musical.

**Desenvolver o canto e a prática dos instrumentos musicais observando as formas musicais do Funk**

- Estratégia: práticas instrumentais para a compreensão de cada forma rítmica.
- Avaliação das composições de paródias e sugestões literárias do grupo; avaliação das contribuições das aprendizagens do Funk na obra literária composta anteriormente.

**Apropriar-se das diferentes formas de expressão do Funk**

- Estratégia: práticas instrumentais para a compreensão de cada forma expressivas.
- Avaliação do processo de prática instrumental do Funk; avaliação da participação dos(as) estudantes no processo de ensino e aprendizagem musical.

**Conhecer a história do Funk e suas articulações sociais, envolvendo o sentido de comunidade**

- Estratégia: estudar a história do Funk brasileiro e suas articulações sociais, bem como o preconceito que envolve a música das favelas e a vulgarização feminina.
- Avaliação das paródia compostas pelos(as) estudantes.

Fonte: elaborado pelas autoras

Partindo dessas aprendizagens sonoras, propõem-se as Propostas Pedagógicas Curriculares para o sétimo ano do ensino fundamental voltado ao terceiro trimestre letivo.

## 2.3 Propostas Pedagógicas Curriculares para o sétimo ano do ensino fundamental – Terceiro trimestre

Quadro 17 - Objetivos e Conteúdos propostos para o terceiro trimestre letivo

**Objetivo: desenvolver suas habilidades auditivas e musicais em aula**

\* Utilizar sempre músicas que despertem a atenção dos(as) estudantes, quer seja devido ao estilo musical, à letra ou à musicalidade

Unidade Temática: Contextos e Práticas

| Conteúdos: | Habilidades: |
| --- | --- |
| \* Apreciação musical. \* Percepção auditiva. \* Ouvido Pensante. | (EF69AR16) Analisar criticamente, por meio da apreciação musical, usos e funções da música em seus contextos de produção e circulação, relacionando as práticas musicais às diferentes dimensões da vida social, cultural, política, histórica, econômica, estética e ética. |
| | (EF69AR17) Explorar e analisar, criticamente, diferentes meios e equipamentos culturais de circulação da música e do conhecimento musical. |

**Objetivo: compreender a Edição das Músicas no Programa Reaper e o utilizar para compor seu trabalho musical**

| Conteúdos: | Unidade Temática: Processos de Criação |
| --- | --- |
| \* Edição musical. \* Computação. \* Composição musical. \* Inserção de músicas no editor. \* Edição de músicas com efeitos sonoros. \* Releitura das obras musicais. | Habilidade: (EF69AR23) Explorar e criar improvisações, composições, arranjos, *jingles*, trilhas sonoras, entre outros, utilizando vozes, sons corporais e/ou instrumentos acústicos ou eletrônicos, convencionais ou não convencionais, expressando ideias musicais de maneira individual, coletiva e colaborativa. |

**Objetivo: utilizar diferentes Efeitos Sonoros e demonstrar conhecimentos musicais ao aplicá-los nas suas produções sonoras**

| Conteúdos: | Unidade Temática: Processos de Criação |
| --- | --- |
| \* Inserção de efeitos sonoros em consonância à música. \* Edição musical. \* Computação. \* Releitura das obras musicais. \* Música popular brasileira. \* Música internacional. | Habilidade: (EF69AR23) Explorar e criar improvisações, composições, arranjos, *jingles*, trilhas sonoras, entre outros, utilizando vozes, sons corporais e/ou instrumentos acústicos ou eletrônicos, convencionais ou não convencionais, expressando ideias musicais de maneira individual, coletiva e colaborativa. |

Fonte: elaborado pelas autoras

# Quadro 18 - Objetivos e Conteúdos propostos para o terceiro trimestre letivo

## Objetivo: tocar e/ou produzir seu próprio efeito sonoro com propriedade musical

**Conteúdos:**

* Composição de um efeito sonoro por meio de percussão corporal.
* Gravação da execução desse efeito sonoro;
* Conversão do áudio em MP3.
* Inserção do seu efeito sonoro em uma música previamente escolhida.
* Produção de um efeito nos tempos corretos;
* Edição musical.

**Unidade Temática: Materialidades**

**Habilidade:**
(EF69AR21) Explorar e analisar fontes e materiais sonoros em práticas de composição/criação, execução e apreciação musical, reconhecendo timbres e características de instrumentos musicais diversos.

## Objetivo: produzir sua própria música por meio da edição musical e da releitura musical aprendida em aula

**Conteúdos:**

* Produção musical.
* Edição musical.
* Releitura de uma obra musical.

**Unidade Temática: Processos de Criação**

**Habilidade:**
(EF69AR23) Explorar e criar improvisações, composições, arranjos, *jingles*, trilhas sonoras, entre outros, utilizando vozes, sons corporais e/ou instrumentos acústicos ou eletrônicos, convencionais ou não convencionais, expressando ideias musicais de maneira individual, coletiva e colaborativa.

## Objetivo: participar de todas as atividades propostas e produzir durante as aulas

**Conteúdos:**

* Envolvimento.
* Musicalidade.
* Apreciação musical.
* Prática musical.
* Evolução das percepções auditivas.
* Participação em aula.
* Desenvolvimento de habilidades motoras.
* Desenvolvimento de habilidades cognitivas.

**Unidade Temática: Materialidades**

**Habilidade:**
(EF69AR21) Explorar e analisar fontes e materiais sonoros em práticas de composição/criação, execução e apreciação musical, reconhecendo timbres e características de instrumentos musicais diversos.

Fonte: elaborado pelas autoras

O desenvolvimento das Propostas Pedagógicas Curriculares apresentadas aos(as) estudantes do sétimo ano do ensino fundamental — anos finais no terceiro trimestre do ano letivo tem como base a produção de músicas eletrônicas editadas pelos(as) estudantes com adição de diferentes efeitos sonoros e uma produção sonora gravada pelo(a) próprio educando(a), como uma batida, um *beat box*, uma melodia, entre outros.

Para possibilitar a produção e edição desta obra, cada estudante poderá selecionar uma canção para explorar musicalmente. Após a escolha, o trabalho segue com um programa de edição de música a ser utilizado nos computadores da escola, conforme já apontado no trabalho de edição de programas de rádio escolar nas Propostas Pedagógicas Curriculares para o sexto ano do ensino fundamental no terceiro trimestre letivo. Partindo dessa escolha musical, portanto, o(a) estudante utilizará os conhecimentos apreendidos nas aulas de Música para produzir uma releitura ou edição musical que transforme a canção escolhida e aprimore suas sonoridades sem perder a originalidade.

Para essa edição, o(a) professor(a) pode disponibilizar efeitos sonoros diversos, tais como: porta batendo, porta fechando, meios de transporte em movimento, bases de Rap, bases de Funk, aplausos, vinhetas de programas, enfim, tudo que for possível encontrar gravado. Com isso, despertará o interesse dos(as) educandos(as) e fomentará ideias de efeitos sonoros diversos que poderão ser gravados e produzidos. Cada estudante deverá ficar atento(a) ao estilo musical escolhido, ao compasso rítmico e ao tom da música, para que os elementos a serem inseridos na edição soem de forma harmônica.

Esse trabalho de edição proporcionará a qualificação da percepção auditiva dos(as) discentes, oportunizando-lhes apreciar suas obras e a de seus colegas para ampliar suas práticas e deixar as canções cada vez mais potentes. Promoverá, ainda, novos olhares sobre o fazer musical, bem como a compreensão que produzir uma música, gravar, regravar, tocar no tempo certo e no tom adequado dá trabalho e precisa de um(a) profissional para fazê-lo.

Experienciar a produção musical de uma forma ampla e complexa, utilizando todas as suas habilidades auditivas, possibilitará aos(as) estudantes saberes construídos a partir de fazeres musicais em que docente e discentes necessitarão participar juntos(as) do processo de criação de cada obra para ajustar ritmos, tonalidades e efeitos diversos, combinando os diferentes sons para a produção de uma nova obra. Essas explorações sonoras são importantes ferramentas de aprendizagem musical em um contexto tecnológico, no qual saber executar um instrumento já não se faz mais tão necessário em meio à inúmeras possibilidades de composição eletrônica.

Para possibilitar todas as aprendizagens tecnológicas propostas, as seguintes estratégias de ensino e avaliação são sugeridas, pautadas no trabalho desenvolvido com os(as) estudantes de uma escola da Rede Municipal de Ensino de Porto Alegre, RS:

Quadro 19 - Estratégias de Ensino e Avaliação propostas para o terceiro trimestre letivo

**Desenvolver suas habilidades auditivas e musicais durante as aulas em aula**

- Estratégia: práticas vocais, melódicas, harmônicas e rítmicas com canções conhecidas e/ou do gosto musical dos(as) estudantes.
- Avaliação das propriedades sonoras dos(as) estudantes.

**Compreender a edição das músicas no programa Reaper e o utilizar para compor seu trabalho musical**

- Estratégia: trabalhar com edição de música em computadores (ou até celulares), promovendo edições com efeitos sonoros promovendo aprendizagens multimídia.
- Avaliação do processo de aprendizagem da edição musical, incluindo as formas de inserção do material sonoro e de transição dos efeitos musicais.

**Utilizar diferentes efeitos sonoros e demonstrar conhecimento ao aplicá-los nas suas produções sonoras**

- Estratégia: trabalhar com edição de música em computadores (ou até celulares), promovendo edições com efeitos sonoros promovendo aprendizagens multimídia.
- Avaliação do processo de aprendizagem da edição musical, incluindo as formas de inserção do material sonoro e de transição dos efeitos musicais.

**Tocar e produzir seu próprio efeito sonoro com propriedade musical**

- Estratégia: trabalhar na produção e gravação de seu próprio efeito sonoro, preferencialmente produzido com sons corporais ou *beat box*.
- Avaliação do processo de execução, gravação e inserção de efeitos sonoros produzidos e editados pelos(as) estudantes.

**Produzir sua própria música por meio da edição musical ou da releitura musical aprendida em aula**

- Estratégia: editar uma música promovendo uma releitura musical da obra.
- Avaliação do processo de aprendizagem e inserção de material sonoro.

**Participar de todas as atividades propostas e produzir durante as aulas**

- Estratégia: envolver os(as) estudantes com as atividades, dando-lhes confiança na produção e gravação de efeitos musicais diversos.
- Avaliação do envolvimento com atividades produzidas em aula.

Fonte: elaborado pelas autoras

Partindo dessas aprendizagens sonoras, propõem-se as Propostas Pedagógicas Curriculares para o sétimo ano do ensino fundamental voltado ao terceiro trimestre letivo. Nestas propostas, puderam ser trabalhadas formas de vivenciar e explorar sonoridades gravadas e editadas, aumentando as competências de criação e edição de músicas dos(as) educandos(as), bem como suas habilidades auditivas.

O trabalho pedagógico a ser realizado junto aos(as) estudantes do sétimo ano do ensino fundamental — anos finais objetiva, contudo, promover uma imersão dos(as) educandos(as) em práticas músico-instrumentais que contemplem suas apropriações sonoras e as canções que os(as) discentes acessam. Deste modo, estes aprendizados musicais poderão proporcionar a apreensão dos conteúdos trabalhados no sexto ano do ensino fundamental por meio da execução de músicas que os(as) estudantes conheçam e possam se sentir motivados(as) a executar.

Estas Propostas Pedagógicas Curriculares permitirão, sobretudo, promover o interesse dos(as) estudantes e o gosto pelo que produzem nas aulas, bem como a sensação de competência e sucesso na realização das atividades ofertadas na disciplina de Música. Permitirão, também, a compreensão da importância destas aprendizagens artísticas para a formação dos(as) estudantes, fazendo com que cada um(a) vincule-se, de alguma forma, com as atividades propostas e, assim, possibilite o desenvolvimento de habilidades motoras e auditivas em Música na escola, fazendo parte do processo de ensino-aprendizagem que você, professor(a), pretende lhe proporcionar.

Desta forma, poder-se-á, ainda, construir um trabalho sólido junto à comunidade escolar, promovendo um pensamento crítico sobre a música da periferia e suas contribuições históricas para o crescimento da música popular brasileira dentro e fora do país. Assim, estas propostas para o ensino de Música na escola promovem a reflexão sobre a presença do Funk e do Rap nas instituições de ensino, oportunizando o entendimento de sua eficácia na formação do sujeito, promovendo o desenvolvimento de um trabalho reflexivo que ecoará nas vivências dos(as) estudantes dentro das comunidades a longo prazo.

Sendo assim, apresentam-se, a seguir, as Propostas Pedagógicas Curriculares para o ensino de Música no oitavo ano do ensino fundamental — anos finais.

# 3

# PROPOSTAS PEDAGÓGICAS CURRICULARES PARA O OITAVO ANO DO ENSINO FUNDAMENTAL

Apresentam-se a seguir atividades e propostas pedagógicas a serem implementadas com estudantes do oitavo ano do ensino fundamental — anos finais, tendo por objetivo constituir uma aprendizagem significativa, trazendo o canto e suas possibilidades para novas práticas musicais na escola, promovendo maior afinação.

Esta etapa de aprendizagem escolar compreende, em sua maioria, estudantes de 13 a 14 anos de idade que experienciam o aprimoramento de seus conhecimentos nas diferentes áreas, amadurecendo seus aprendizados e suas relações escolares. Por isso, tornar-se-á fundamental que as aulas sejam preparadas para atuar na promoção de estudantes autônomos(as) em suas práticas musicais, para que possam sentir-se seguros(as) ao fazer sua voz ecoar pelos corredores da escola, aprendendo a se desenvolver e a se posicionar sobre os palcos.

Para tanto, poder-se-á trabalhar, inicialmente, o conceito de música à capela, ou seja, aquela que é executada somente com a voz, sem acompanhamento instrumental. Neste formato, o(a) educando(a) terá a oportunidade de conhecer, em diversos grupos vocais, novas possibilidades e os diferentes timbres de voz para melhor identificar-se, visando conhecer a modulação vocal que está vivenciando e reconhecê-la como um processo natural e contínuo, aprendendo a cuidar de sua voz e utilizá-la adequadamente.

Este não será um processo fácil, e também não se tem nenhuma garantia de que todos(as) os(as) estudantes participarão da proposta.

Todavia, o ensino de Música na escola precisa estar articulado com as necessidades musicais dos(as) discentes e dar o suporte para que cada estudante se encontre musicalmente, ofertando possibilidades de descoberta, criação e execução dos diferentes instrumentos musicais, entre eles, aquele que os(as) discentes mais utilizam ao participar de eventos sociais ou religiosos: a voz. Dar sentido à prática vocal dos(as) estudantes compreende, assim, motivá-los(as) a se qualificar e a buscar novas experiências sonoras, permitindo práticas em tempos futuros.

Partindo destas percepções, elaboraram-se as Propostas Pedagógicas Curriculares para o oitavo ano do ensino fundamental, descrevendo a seguir os objetivos considerados relevantes para o primeiro trimestre letivo. Confira, assim, as competências e habilidades a serem desenvolvidas junto aos(as) estudantes do oitavo ano com base na BNCC:

## 3.1 Propostas Pedagógicas Curriculares para o oitavo ano do ensino fundamental – Primeiro trimestre

Quadro 20 - Objetivos e Conteúdos propostos para o primeiro trimestre letivo

**Objetivo: compreender a produção musical à capela, identificando suas diferentes formas de produção sonora: canto e *beat box***

| Conteúdos: | Unidade Temática: Elementos da Linguagem |
|---|---|
| * Música à capela. | **Habilidade:** |
| * Canto. | (EF69AR20) Explorar e analisar elementos |
| * *Beat Box*. | constitutivos da música (altura, intensidade, |
| * Batidas rítmicas. | timbre, melodia, ritmo etc.), por meio de |
| * Sons produzidos apenas com a boca. | recursos tecnológicos (*games* e plataformas digitais), jogos, canções e práticas diversas de |
| * Percepção auditiva. | composição/criação, execução e apreciação |
| * Afinação. | musicais. |

**Objetivo: conhecer a mixagem eletrônica como forma de produção sonora, construindo os conhecimentos e habilidades motoro-auditivas**

| Conteúdos: | Unidade Temática: Elementos da Linguagem |
|---|---|
| * Mixagem musical. | **Habilidade:** |
| * Música remix. | (EF69AR20) Explorar e analisar elementos |
| * Produção musical com mesas de mixagem. | constitutivos da música (altura, intensidade, timbre, melodia, ritmo etc.), por meio de |
| * Percepção auditiva. | recursos tecnológicos (*games* e plataformas digitais), jogos, canções e práticas diversas de |
| * Batidas rítmicas. | composição/criação, execução e apreciação |
| * Jogos de mixar. | musicais. |
| * Música eletrônica. | |

**Objetivo: compreender, a partir dos processos de escuta, os elementos sonoros: grave, agudo, forte, piano, mezzo-forte e transposição tonal**

| Conteúdos: | Unidade Temática: Elementos da Linguagem |
|---|---|
| * Compreensão auditiva. | **Habilidade:** |
| * Apreciação musical. | (EF69AR20) Explorar e analisar elementos |
| * Altura do som. | constitutivos da música (altura, intensidade, timbre, |
| * Intensidade do som. | melodia, ritmo etc.), por meio de recursos tecnológicos (*games* e plataformas digitais), jogos, |
| * Identificação da transposição tonal. | canções e práticas diversas de composição/criação, execução e apreciação musicais. |

Fonte: elaborado pelas autoras

# Quadro 21 - Objetivos e Conteúdos propostos para o primeiro trimestre letivo

**Objetivo: desenvolver habilidades práticas-instrumentais, tocando com os diferentes instrumentos musicais disponíveis na escola**

Conteúdos:

* Grupo InstrumentaL.
* Práticas de conjunto.
* Expressão sonora.
* Expressão corporal.
* Canto.
* Práticas melódicas com flauta doce.
* Práticas harmônicas com violão e teclado.
* Práticas rítmicas com percussão.

Unidade Temática: Materialidades

Habilidade:

(EF69AR21) Explorar e analisar fontes e materiais sonoros em práticas de composição/criação, execução e apreciação musical, reconhecendo timbres e características de instrumentos musicais diversos.

**Objetivo: participar das atividades artísticas propostas em aula, construindo formas de expressão sonora.**

Conteúdos:

* Envolvimento.
* Musicalidade.
* Apreciação musical.
* Prática musical.
* Evolução das percepções auditivas.
* Participação em aula.
* Desenvolvimento de habilidades motoras.
* Desenvolvimento de habilidades cognitivas.

Unidade Temática: Música

Habilidade:

(EF69AR19) Identificar e analisar diferentes estilos musicais, contextualizando-os no tempo e no espaço, de modo a aprimorar a capacidade de apreciação da estética musical.

**Objetivo: conhecer jogos de mixagem eletrônica on-line, aprendendo a mixar com mesas e discos de mixagem no computador**

Conteúdos:

* Jogos eletrônicos.
* Jogos de mixagem eletrônica.
* Computação.
* Música eletrônica.
* Gravação de composições elaboradas por meio de mixagens on-line.
* Jogos de mixar com mesas eletrônicas.
* Jogos de mixar com discos.
* Produção musical.
* Percepção auditiva.

Unidade Temática: Elementos da Linguagem

Habilidade:

(EF69AR20) Explorar e analisar elementos constitutivos da música (altura, intensidade, timbre, melodia, ritmo etc.), por meio de recursos tecnológicos (*games* e plataformas digitais), jogos, canções e práticas diversas de composição/criação, execução e apreciação musicais.

Fonte: elaborado pelas autoras

O desenvolvimento das Propostas Pedagógicas Curriculares apresentadas aos(as) estudantes do oitavo ano do ensino fundamental — anos finais no primeiro trimestre do ano letivo tem por objetivo dar seguimento as práticas vocais já realizadas nos anos anteriores, qualificando as execuções por meio do canto à capela e de possibilidades de mixagem. Deste modo, os(as) educandos(as) conhecerão equipamentos eletrônicos e jogos de mixar, promovendo práticas que ampliem suas percepções auditivas.

Para tanto, propõe-se apresentar aos(as) estudantes o canto à capela por meio da produção cinematográfica *A Escolha Perfeita 3*, que compreende performances vocais de impacto e qualidade, instigando os(as) discentes em suas práticas. A seleção deste filme se deu não somente pelas apresentações vocais, mas também pelo trabalho de mixagem realizado na produção da obra, um dos conteúdos deste trimestre escolar. Assim, após assistir ao filme, pode-se promover aprendizagens significativas quanto aos temas propostos, trazendo debates importantes e novidades musicais.

Partindo da apresentação de novas possibilidades vocais, poder-se-á desenvolver práticas musicais mais ricas vocalmente, promovendo músicas com diversos intérpretes, jogos com canções populares em que cada estudante executa uma parte, cantando juntos(as) em outra, cânones, cirandas, entre outras propostas musicais. Neste trabalho, propõe-se experimentar, ainda, compreensões dos parâmetros sonoros relacionados à intensidade do som, como forte, piano, mezzo-piano, mezzo, mezzo-forte e fortíssimo, trabalhando com placas ou jogos de regência para a sua compreensão. Essa aprendizagem contribuirá imensamente também nas práticas com instrumentos musicais, nas quais os percussionistas têm uma grande dificuldade em tocar com menos intensidade para que os demais instrumentos se destaquem.

Outro trabalho importante a ser realizado com os(as) estudantes é a proposta da mixagem eletrônica, para a qual orienta-se que os(as) discentes assistam vídeos de DJs que trabalham com mesas e discos de mixagem, bem como o *launchpad*, que dispensa o uso dos demais equipamentos. Ao conhecer a arte de mixar, proporcione aos(as) educandos(as) espaços para a exploração de materiais utilizados no trabalho de mixagem e/ou jogos musicais eletrônicos em que cada estudante pode mixar sua música, gravar e apresentá-la aos colegas. Ao explorar a mixagem de diversas obras, poder-se-á apreciar possibilidades sonoras e diferentes estratégias de composição eletrônica que se utilizam dos conteúdos musicais apreendidos nas aulas de Arte, tais como: intensidade do som, ritmo, pulsação, compasso, entre outros.

Para possibilitar todas essas aprendizagens musicais, as seguintes estratégias de ensino e avaliação são sugeridas, pautadas no trabalho desenvolvido com os(as) estudantes de uma escola da Rede Municipal de Ensino de Porto Alegre, RS:

# Quadro 22 - Estratégias de Ensino e Avaliação propostas para o primeiro trimestre letivo

**Compreender as diferentes formas de execução musical: melódica, harmônica e rítmica**

- Estratégia: trabalhar de forma multimídia com apreciação musical dos instrumentos musicais, classificando-os: melódicos, harmônicos e rítmicos. Isso diminuirá a agitação e possibilitará ver e apreciar os timbres de cada instrumento musical.
- Avaliação escrita e avaliação do processo de aprendizagem.

**Conhecer seu ídolo musical e sua trajetória de vida**

- Estratégia: pesquisar na sala de informática a biografia e a trajetória de vida dos ídolos musicais de cada estudante.
- Avaliação do trabalho escrito com a biografia dos ídolos musicais.

**Produzir um trabalho artístico-visual com as características pessoais de cada ídolo, especificando seu estilo musical**

- Estratégia: utilizar das artes visuais para a produção de caricatura, trabalhando o estilo musical de cada ídolo.
- Avaliação da caricatura feita por meio do trabalho artístico visual.

**Conhecer as práticas musicais dos músicos e ídolos musicais de cada estudante**

- Estratégia: apreciação musical; escuta perceptiva.
- Avaliação do processo de aprendizagem auditivo e contextualização das obras.

**Aprender as notas musicais e suas posições nos instrumentos**

- Estratégia: práticas musicais coletivas com os instrumentos musicais disponíveis na escola, utilizando músicas conhecidas ou mesmo selecionadas pelos(as) estudantes.
- Avaliação das habilidades práticas musicais por meio da execução instrumental.

**Executar as músicas propostas em aula com habilidade e qualidade sonora**

- Estratégia: práticas musicais coletivas com os instrumentos musicais disponíveis na escola, utilizando músicas conhecidas ou mesmo selecionadas pelos(as) estudantes.
- Avaliação das apropriações pessoais de cada estudante quanto às práticas coletivas.

**Conhecer a música 8D, sua aplicação nos diferentes estilos musicais e seus compositores(as)**

- Estratégia: audições e apreciações de música 8D, com pesquisa sobre a história e as formas de criação da música 8D.
- Avaliação das percepções sonoras de cada estudante por meio de rodas de conversa.

Fonte: elaborado pelas autoras

Partindo dessas aprendizagens sonoras, propõem-se as Propostas Pedagógicas Curriculares para o oitavo ano do ensino fundamental voltado ao segundo trimestre letivo.

## 3.2 Propostas Pedagógicas Curriculares para o oitavo ano do ensino fundamental – Segundo trimestre

Quadro 23 - Objetivos e Conteúdos propostos para o segundo trimestre letivo

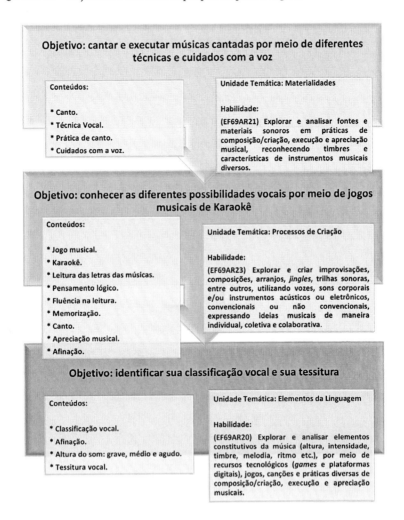

**Objetivo:** cantar e executar músicas cantadas por meio de diferentes técnicas e cuidados com a voz

Conteúdos:
* Canto.
* Técnica Vocal.
* Prática de canto.
* Cuidados com a voz.

Unidade Temática: Materialidades

Habilidade:
(EF69AR21) Explorar e analisar fontes e materiais sonoros em práticas de composição/criação, execução e apreciação musical, reconhecendo timbres e características de instrumentos musicais diversos.

**Objetivo:** conhecer as diferentes possibilidades vocais por meio de jogos musicais de Karaokê

Conteúdos:
* Jogo musical.
* Karaokê.
* Leitura das letras das músicas.
* Pensamento lógico.
* Fluência na leitura.
* Memorização.
* Canto.
* Apreciação musical.
* Afinação.

Unidade Temática: Processos de Criação

Habilidade:
(EF69AR23) Explorar e criar improvisações, composições, arranjos, *jingles*, trilhas sonoras, entre outros, utilizando vozes, sons corporais e/ou instrumentos acústicos ou eletrônicos, convencionais ou não convencionais, expressando ideias musicais de maneira individual, coletiva e colaborativa.

**Objetivo:** identificar sua classificação vocal e sua tessitura

Conteúdos:
* Classificação vocal.
* Afinação.
* Altura do som: grave, médio e agudo.
* Tessitura vocal.

Unidade Temática: Elementos da Linguagem

Habilidade:
(EF69AR20) Explorar e analisar elementos constitutivos da música (altura, intensidade, timbre, melodia, ritmo etc.), por meio de recursos tecnológicos (*games* e plataformas digitais), jogos, canções e práticas diversas de composição/criação, execução e apreciação musicais.

Fonte: elaborado pelas autoras

# PROPOSTAS PEDAGÓGICAS PARA O ENSINO DE MÚSICA NA EDUCAÇÃO BÁSICA

## Quadro 24 - Objetivos e Conteúdos propostos para o segundo trimestre letivo

### Objetivo: aprender os cuidados com a voz

**Conteúdos:**

* Alimentos ideais para consumir antes de cantar.
* Alimentos não indicados para consumir antes de cantar.
* Cuidados básicos.
* Cuidados diários.
* A importância de não gritar.

**Unidade Temática: Elementos da Linguagem**

**Habilidade:**
(EF69AR20) Explorar e analisar elementos constitutivos da música (altura, intensidade, timbre, melodia, ritmo etc.), por meio de recursos tecnológicos (*games* e plataformas digitais), jogos, canções e práticas diversas de composição/criação, execução e apreciação musicais.

### Objetivo: aprender a aquecer a voz

**Conteúdos:**

* Aquecimento vocal.
* Exercícios de aquecimento vocal.
* Altura do som.

**Unidade Temática: Elementos da Linguagem**

**Habilidade:**
(EF69AR20) Explorar e analisar elementos constitutivos da música (altura, intensidade, timbre, melodia, ritmo etc.), por meio de recursos tecnológicos (*games* e plataformas digitais), jogos, canções e práticas diversas de composição/criação, execução e apreciação musicais.

### Objetivo: tocar e executar músicas populares utilizando a voz corretamente

**Conteúdos:**
* Prática de conjunto instrumental.
* Notas musicais.
* Posições das notas musicais nos instrumentos.
* Ritmo e canto.
* Apreciação musical.
* Percepção auditiva.
* Habilidades motoras.
* Habilidades cognitivas.

**Unidade Temática: Materialidades**

**Habilidade:**
(EF69AR21) Explorar e analisar fontes e materiais sonoros em práticas de composição/criação, execução e apreciação musical, reconhecendo timbres e características de instrumentos musicais diversos.

### Objetivo: apresentar-se em um evento cultural promovido pela escola: Ex: *The Voice*

**Conteúdos:**

* Performance.
* Canto.
* Improvisação.
* Apresentação.
* Apreciação musical.
* Afinação.

**Unidade Temática: Processos de Criação**

**Habilidade:**
(EF69AR23) Explorar e criar improvisações, composições, arranjos, *jingles*, trilhas sonoras, entre outros, utilizando vozes, sons corporais e/ou instrumentos acústicos ou eletrônicos, convencionais ou não convencionais, expressando ideias musicais de maneira individual, coletiva e colaborativa.

Fonte: elaborado pelas autoras

O desenvolvimento das Propostas Pedagógicas Curriculares apresentadas aos(às) estudantes do oitavo ano do ensino fundamental — anos finais no segundo trimestre do ano letivo vem contribuir com as aprendizagens vocais construídas anteriormente, ampliando os conhecimentos dos(as) estudantes referentes a classificação da voz de cada discente e os cuidados necessários para a manutenção adequada das pregas vocais.

Para dar seguimento ao trabalho com o canto e, agora mais especificamente, com a prática vocal no formato individual, maiores cuidados vocais são necessários. Por isso, caso os(as) estudantes sejam inibidos(as) para cantar, pode-se iniciar o trimestre com um jogo de músicas, em grupos, em que a música para de tocar e os(as) discentes devem seguir cantando para pontuar. Este jogo fará com que educandos(as) que pouco cantavam percam o receio e passem a se permitir mais frente aos(as) colegas.

Após o jogo, apresenta-se a proposta do trimestre: o karaokê. Este pode ser organizado por meio de uma tela digital que disponha de acesso à internet em um tamanho adequado para visualizar a letra das músicas. Para facilitar, o(a) professor(a) poderá baixar diferentes canções populares que os(as) estudantes possivelmente conheçam contendo o *playback* das músicas e a letra, no formato da proposta. Como o trabalho é realizado com turmas grandes, pode-se fazer grupos entre os(as) discentes, separando-os(as) para as práticas e dando-lhes a incumbência de avaliar os outros grupos, fazendo com que prestem atenção durante a realização da atividade. Para não gerar conflitos, pode-se dispor de placas avaliativas com notas de 8 a 10, desestimulando baixas pontuações.

A proposta é que cada integrante do grupo participe do karaokê uma vez. Ao finalizar as jogadas, tem-se a pontuação. É provável que ao longo da atividade comentários surgirão quanto à qualidade da afinação de cada estudante e, aproveitando-os, o(a) professor(a) poderá direcionar o trabalho. Ao finalizar uma primeira rodada, será importante apresentar aos(as) discentes as classificações vocais e as diferentes possibilidades que poderão encontrar na voz de homens e mulheres. Este trabalho poderá ser realizar por meio de vídeos e demonstrações de possibilidades vocais que retratem as diferenças entre vozes mais agudas e mais graves, fazendo com que os(as) educandos(as) possam identificar sua classificação vocal e as inúmeras possibilidades que esse instrumento pode lhes proporcionar. Além disso, também será possível compreender quais vozes são mais vendidas no mercado musical brasileiro e mundial, bem como porque algumas músicas e/ou estilos musicais fazem mais sucesso que outras(os) e como um(a) compositor(a) ou artista que não está inserido neste contexto pode se consagrar neste cenário.

Partindo da classificação vocal, pode-se ampliar o debate sobre o tema, trabalhando com os cuidados necessários para manter a saúde das pregas vocais. Neste processo, torna-se importante promover aquecimentos vocais, ensinar os(as) estudantes a sempre fazê-los antes das práticas, trabalhar os alimentos que não devem ser ingeridos próximo de apresentações e propor cantigas que motivem-nos(as) a aquecer plenamente a voz, especialmente quando as aulas são no turno da manhã.

Ao trabalhar com os cuidados vocais, poder-se-á dar seguimento aos jogos de karaokê, porém desta vez com aquecimento de voz inicial e maior atenção à performance vocal de cada educando(a). O jogo segue. Os(as) estudantes retomam os grupos e as músicas que gostariam de praticar. Para facilitar, esteja sempre conectado ao YouTube, pois o site poderá acrescer canções populares em formato karaokê sempre que os(as) educandos(as) desejarem ampliar seus repertórios.

Por meio do jogo de karaokê, sugere-se ao(a) professor(a) que desenvolva uma competição musical que inclua todos(as) os(as) discentes da escola, parecido com o programa de televisão *The Voice Kids*. Para o evento, o(a) docente pode ensaiar todas as turmas em que atua com a disciplina de Música, abrindo um leque de possibilidades para as apresentações. Cada turma deverá ensaiar três apresentações, sendo os(as) intérpretes selecionados(as) pelos(as) próprios(as) estudantes. Os(as) representantes de cada turma cantam no formato karaokê, com a tela a sua disposição para ler a letra das músicas. O *The Voice Kids* inicia com uma apresentação de cada turma, em que serão selecionados os participantes que seguem na competição por meio dos aplausos da plateia. Ao final de todas as apresentações, têm-se a turma vencedora.

A ideia deste trabalho é, além de explorar o potencial vocal dos(as) estudantes, despertar em toda comunidade escolar o interesse pelas aulas de Música e pelo desenvolvimento pessoal de cada educando(a) nesta área, promovendo o empoderamento discente frente as práticas instrumentais e aprimorando-as. Neste segundo trimestre, os(as) estudantes do oitavo ano poderão amadurecer suas habilidades em Música, permitindo-se construir uma compreensão sonora sobre afinação, tempo e duração do som de forma natural e prática, mostrando seus talentos. Desenvolver estas propostas compreenderá não somente dar aula de Música, mas também deixar brotar nos(as) estudantes novos olhares sobre suas práticas vocais e instrumentais, trabalhando a percepção auditiva de forma ampla, em que eles estejam completamente imersos nos fazeres musicais. Práticas como essas envolvem os(as) educandos(as) em uma educação musical qualificada.

Para possibilitar todas essas aprendizagens vocais propostas, as seguintes estratégias de ensino e avaliação são sugeridas, pautadas no trabalho desenvolvido com os(as) estudantes de uma escola da Rede Municipal de Ensino de Porto Alegre, RS:

# Quadro 25 - Estratégias de Ensino e Avaliação propostas para o segundo trimestre letivo

**Cantar e executar músicas cantadas por meio de diferentes técnicas e cuidados com a voz**

- Estratégia: trabalhar com o canto e suas possibilidades musicais apresentando por meios multimídia e/ou de execução vocal técnicas a serem utilizadas pelos(as) estudantes para cantar nas aulas de música.
- Avaliação das práticas vocais em aula.

**Conhecer as diferentes possibilidades vocais por meio de jogos musicais de karaokê**

- Estratégia: jogar karaokê com canções conhecidas pelos(as) estudantes fazendo com que todos(as) participem do processo de prática vocal.
- Avaliação das práticas vocais no karaokê, observando afinação e performance.

**Identificar sua classificação vocal e suas tessitura**

- Estratégia: trabalhar a classificação vocal dos(as) estudantes por meio de jogos, vídeos e aquecimentos que diferenciem as vozes de cada um(a).
- Avaliação das percepções vocais de cada estudante.

**Aprender os cuidados com a voz**

- Estratégia: ensinar os(as) estudantes a cuidar da voz e mantê-la sempre aquecida.
- Avaliação do processo de cuidado com a voz em aula.

**Aprender a aquecer a voz**

- Estratégia: ensinar os(as) estudantes a aquecer por meio de vídeos e/ou de práticas de aquecimento durante os jogos de karaokê e demais práticas vocais.
- Avaliação das dos cuidados dos(as) estudantes com a sua voz e a de seus colegas.

**Tocar e executar músicas populares utilizando a voz corretamente**

- Estratégia: envolver os(as) estudantes com práticas vocais de músicas populares.
- Avaliação das práticas vocais e instrumentais.

**Apresentar-se em um evento cultural promovido pela escola: *The Voice Kids***

- Estratégia: promover uma competição musical propondo que todas as turmas ensaiem músicas populares para a apresentação por meio do jogo de karaokê.
- Avaliação da execução vocal e da performance dos(as) estudantes no palco.

Fonte: elaborado pelas autoras

Partindo dessas aprendizagens sonoras, propõem-se as Propostas Pedagógicas Curriculares para o oitavo ano do ensino fundamental voltado ao terceiro trimestre letivo.

## 3.3 Propostas Pedagógicas Curriculares para o oitavo ano do ensino fundamental – Terceiro trimestre

Quadro 26 - Objetivos e Conteúdos propostos para o terceiro trimestre letivo

**Objetivo: elaborar a produção de um vídeo de forma audiovisual com propriedade e objetividade**

| Conteúdos: | Unidade Temática: Processos de Criação |
|---|---|
| * Produção multimídia.<br>* Elaboração de vídeo por meio da utilização de fotos da turma.<br>* Edição audiovisual.<br>* Computação. | Habilidade:<br>(EF69AR23) Explorar e criar improvisações, composições, arranjos, *jingles*, trilhas sonoras, entre outros, utilizando vozes, sons corporais e/ou instrumentos acústicos ou eletrônicos, convencionais ou não convencionais, expressando ideias musicais de maneira individual, coletiva e colaborativa. |

**Objetivo: compreender a construção do projeto e adquirir conhecimentos multimídia durante a sua produção**

| Conteúdos: | Unidade Temática: Processos de Criação |
|---|---|
| * Utilização dos equipamentos multimídia.<br>* Apropriação das propriedades e dos efeitos fornecidos pelo editor de fotos.<br>* Apropriação das propriedades e dos efeitos fornecidos pelo editor de vídeos. | Habilidade:<br>(EF69AR23) Explorar e criar improvisações, composições, arranjos, *jingles*, trilhas sonoras, entre outros, utilizando vozes, sons corporais e/ou instrumentos acústicos ou eletrônicos, convencionais ou não convencionais, expressando ideias musicais de maneira individual, coletiva e colaborativa. |

**Objetivo: produzir fotos editadas de forma a contribuir para a produção do trabalho**

| Conteúdos: | Unidade Temática: Processos de Criação |
|---|---|
| * Fotografia.<br>* Artes visuais.<br>* Edição de fotos.<br>* Apropriação das propriedades e dos efeitos fornecidos pelo editor de fotos. | Habilidade:<br>(EF69AR23) Explorar e criar improvisações, composições, arranjos, *jingles*, trilhas sonoras, entre outros, utilizando vozes, sons corporais e/ou instrumentos acústicos ou eletrônicos, convencionais ou não convencionais, expressando ideias musicais de maneira individual, coletiva e colaborativa. |

Fonte: elaborado pelas autoras

PROPOSTAS PEDAGÓGICAS PARA O ENSINO DE MÚSICA NA EDUCAÇÃO BÁSICA

# Quadro 27 - Objetivos e Conteúdos propostos para o terceiro trimestre letivo

**Objetivo: utilizar muito bem os recursos para a criação de edições fotográficas de boa qualidade**

Unidade Temática: Processos de Criação

**Conteúdos:**

* Utilização dos recursos do editor.
* Compreensão dos recursos e suas possibilidades.
* Edição de vídeos.

**Habilidade:**

(EF69AR23) Explorar e criar improvisações, composições, arranjos, *jingles*, trilhas sonoras, entre outros, utilizando vozes, sons corporais e/ou instrumentos acústicos ou eletrônicos, convencionais ou não convencionais, expressando ideias musicais de maneira individual, coletiva e colaborativa.

**Objetivo: utilizar a música para construir e dar vida ao seu trabalho, de forma a utilizar o recurso para personalizar seu vídeo**

**Conteúdos:**

* Seleção musical.
* Apreciação musical.
* Estilos musicais que compreendam a proposta.
* Compositores.
* Música popular brasileira.

Unidade Temática: Processos de Criação

**Habilidade:**

(EF69AR23) Explorar e criar improvisações, composições, arranjos, *jingles*, trilhas sonoras, entre outros, utilizando vozes, sons corporais e/ou instrumentos acústicos ou eletrônicos, convencionais ou não convencionais, expressando ideias musicais de maneira individual, coletiva e colaborativa.

**Objetivo: utilizar os efeitos musicais para dar ênfase ao processo e inferir musicalidade**

Unidade Temática: Processos de Criação

**Conteúdos:**

* Efeitos sonoros.
* Apreciação musical.
* Percepção auditiva.
* Efeitos de transição de fotos.

**Habilidade:**

(EF69AR23) Explorar e criar improvisações, composições, arranjos, *jingles*, trilhas sonoras, entre outros, utilizando vozes, sons corporais e/ou instrumentos acústicos ou eletrônicos, convencionais ou não convencionais, expressando ideias musicais de maneira individual, coletiva e colaborativa.

Fonte: elaborado pelas autoras

O desenvolvimento das Propostas Pedagógicas Curriculares apresentadas aos(às) estudantes do oitavo ano do ensino fundamental — anos finais no terceiro trimestre do ano letivo, compreendem, portanto, a criação e edição de um projeto autoral que permitirá construir um vídeo por meio de recursos próprios, todos elaborados pelos(as) estudantes. Neste sentido, a proposta será montar o trabalho autoral com fotos tiradas pelos(as) educandos(as) num trabalho de saída de campo até uma praça próxima da escola, um passeio organizado juntamente da gestão escolar, ou mesmo uma exploração fotográfica dentro escola, nas áreas de convivência. Os(as) estudantes farão, então, fotos coletivas e/ou individuais compreendendo os tempos e espaços escolares, podendo destinar uma temática para os vídeos ou trabalhar sobre um determinado ponto de vista.

Por meio das imagens, serão montadas pastas de fotos nos computadores da escola e, por meio de um editor de vídeos, os(as) estudantes poderão inserir imagens e músicas na composição do seu trabalho. Com as fotos disponíveis, cada estudante poderá selecionar uma ou mais músicas que utilizará na edição de seu trabalho audiovisual. A partir das canções propostas, inicia-se o desenvolvimento do trabalho que consiste na inserção das imagens e na sua formatação.

Na utilização das imagens, poder-se-á usar um editor de fotos, acessado de forma on-line, que permitirá colocar filtros e efeitos diversos, bem como molduras, figuras e ilustrações nas imagens. Após a edição dos temas, as imagens podem ser salvas em novos formatos e inseridas no editor de vídeo para serem adicionadas a(s) música(s), dando vida ao trabalho. Com todos os materiais de mídia, os(as) estudantes darão seguimento à criação da suas propostas audiovisuais. Inicia-se, então, o trabalho de edição do vídeo, alterando contraste, luz, tamanho e promovendo transições variadas entre as imagens, de acordo, é claro, com a música escolhida.

Os projetos, neste momento, podem modificar-se a cada click, cabendo aos(as) estudantes apresentar um trabalho consistente. Todos os vídeos poderão participar de uma mostra institucional, despertando o interesse dos(as) demais educandos(as) da escola em apreender as novas formas de trabalhar e pensar o mundo artístico. O trabalho multimídia proporcionará, contudo, conectar o que os(as) estudantes assistem com o que apreciam musicalmente, refletindo com eles(as) sobre a importância da presença da música nas tecnologias, tais como nas propagandas, séries, filmes ou desenhos animados, possibilitando questionamentos sobre o que somos conduzidos a observar por meio de imagens e sons.

Para possibilitar todas essas aprendizagens tecnológicas, sugere-se as seguintes estratégias de ensino e avaliação, pautadas no trabalho desenvolvido com os(as) estudantes de uma escola da Rede Municipal de Ensino de Porto Alegre, RS:

Quadro 28 - Estratégias de Ensino e Avaliação propostas para o terceiro trimestre letivo

**Elaborar a produção de um vídeo de forma audiovisual com propriedade e objetividade**

- Estratégia: trabalhar na sala de informática utilizando um editor de vídeos, tirando fotos pela escola e promovendo aprendizagens artístico-visuais com efeitos de transição fotográfica combinados com a música.
- Avaliação do processo de edição áudiovisual.

**Compreender a construção do projeto e adquirir conhecimentos multimídia durante a produção**

- Estratégia: trabalhar com edição multimídia compreendendo os processos de criação e produção de materiais sonoro-fotográficos.
- Avaliação do processo de edição áudiovisual.

**Produzir fotos editadas de forma a contribuir para a produção do trabalho**

- Estratégia: trabalhar com editores de foto on-line utilizando efeitos visuais para realçar as imagens tiradas por câmeras e celulares na escola.
- Avaliação do trabalho artístico-visual.

**Utilizar muito bem os recursos para a criação de edições fotográficas de boa qualidade**

- Estratégia: utilizar os editores de imagem on-line para realçar as cores, trazendo características das artes visuais.
- Avaliação do trabalho artístico-visual.

**Utilizar a música para construir e dar vida ao seu trabalho, personalizando seu vídeo**

- Estratégia: inserir uma música selecionada pelo(a) estudante e, a partir dela, criar e produzir um vídeo de qualidade com transições de fotos e musicalidade.
- Avaliação do trabalho áudiovisual e suas possibilidades sonoras.

**Utilizar os efeitos musicais para dar ênfase ao processo e inferir musicalidade**

- Estratégia: inserir uma música selecionada pelo(a) estudante e, a partir dela, criar e produzir um vídeo de qualidade com transição de fotos e musicalidade.
- Avaliação do trabalho áudiovisual e suas possibilidades sonoras.

Fonte: elaborado pelas autoras

Partindo dessas aprendizagens sonoras, propõem-se as Propostas Pedagógicas Curriculares para o oitavo ano do ensino fundamental voltado ao terceiro trimestre letivo. Nestas propostas, poderão ser ampliadas as vivências tecnológicas dos(as) estudantes, visando qualificar as habilidades digitais e musicais na consolidação de conhecimentos auditivos.

A tecnologia associada a educação musical apresenta-se, assim, como importante ferramenta de composição e criação eletrônica, bem como de releitura ou mixagem. Formar estudantes que tenham aptidão para atuar com música e tecnologia tornou-se primordial ao trabalhar com educação musical. Isso se dá porque boa parte das músicas que são produzidas atualmente e estão sendo veiculadas pelas mídias têm sua produção de forma eletrônica, não demandando instrumentistas ou virtuoses.

Durante o desenvolvimento das aulas de Música, os(as) estudantes sempre questionaram a real necessidade de executar um instrumento musical, visto que programas de edição de partitura, de edição de música e de mixagem poderiam gravar grandes produções na área sem necessitar a prática de um(a) instrumentista. Para quem compõe e executa música por meio de instrumentos, essa produção tecnológica ainda está muito distante, porém é preciso estar atentos(as) a esse novo formato pois a inovação está tomando espaço nas mais diversas áreas.

Deste modo, é importante desenvolver as diversas habilidades em Música, oportunizando aos(as) estudantes possibilidades de criação e prática musical, contemplando habilidades vocais que, provavelmente, estarão sempre inseridas neste contexto e permitirão ao ouvinte estabelecer conexões ao apreciar essa arte, promovendo emoções e cativando os diferentes públicos. Assim, as propostas musicais apresentadas aos(as) estudantes do oitavo ano do ensino fundamental — anos finais destacam-se como importantes ferramentas de estudos em Música, sendo indicadas para trabalhar com esta etapa de ensino.

Por fim, apresenta-se, a seguir, as Propostas Pedagógicas Curriculares para o ensino de Música no nono ano do ensino fundamental — anos finais.

# 4

# PROPOSTAS PEDAGÓGICAS CURRICULARES PARA O NONO ANO DO ENSINO FUNDAMENTAL

A seguir, são apresentadas atividades e propostas pedagógicas a serem implementadas com estudantes do nono ano do ensino fundamental — anos finais, visando aprimorar competências e habilidades em música, apreendendo as formas musicais do pot-pourri, as divisões rítmicas por compasso, as durações temporais de cada símbolo musical e os conceitos técnicos para a prática de instrumentos no formato do pot-pourri.

Esta etapa da aprendizagem escolar compreende, em sua maioria, estudantes de 14 a 15 anos de idade que finalizam o ensino fundamental, muitas vezes apresentando uma motivação menor para a aprendizagem escolar (ERTEL, 2023). Deste modo, precisam ser instigados(as), motivados(as) e desafiados(as) por novos conhecimentos musicais, adquirindo saberes técnicos que corroboram com suas práticas, criações e apreciações de música. Sendo assim, propõe-se trabalhar com a exploração de processos de composição por meio de escritas de partituras musicais e apreciações com a produção de sonoplastias e práticas instrumentais na forma pot-pourri.

Por meio deste trabalho pedagógico, os(as) estudantes poderão acessar conhecimentos previamente trabalhados em etapas anteriores da educação básica, bem como identificar e ampliar práticas músico-instrumentais que corroboram com os novos fazeres em Música, identificando repertórios e possibilidades práticas. Além disso poder-se-á explorar as novas formas musicais, implementando os saberes aprendidos e qualificando-os, inserindo os(as) discentes em práticas mais elaboradas.

Destaca-se, assim, a produção e implementação de sonoplastias em vídeos diversos, oportunizando vivências musicais que compreendem a utilização da música nos meios de produção de conteúdos digitais e entretenimento. Deste modo, a aula de Música não ficará vinculada apenas à execução de instrumentos musicais, mas sim a todas as produções em que está inserida, promovendo conteúdos de qualidade como trilhas sonoras, *jingles* e sonoplastias, ampliando o alcance nas vivências musicais diárias.

Partindo destes pontos, elaboraram-se as Propostas Pedagógicas Curriculares para o nono ano do ensino fundamental, sendo descritos, a seguir, os objetivos considerados relevantes para o primeiro trimestre letivo. Confira, assim, as competências e habilidades a serem desenvolvidas junto aos(as) estudantes do nono ano com base na BNCC.

PROPOSTAS PEDAGÓGICAS PARA O ENSINO DE MÚSICA NA EDUCAÇÃO BÁSICA

## 4.1 Propostas Pedagógicas Curriculares para o nono ano do ensino fundamental – Primeiro trimestre

Quadro 29 - Objetivos e Conteúdos propostos para o primeiro trimestre letivo

**Objetivo: conhecer a forma musical do Pot-Pourri, identificando suas características musicais**

Conteúdos:

* Forma musical do Pot-Pourri.
* Formatação das músicas do Pot-Pourri: A, B, C, D, E, F....
* Apreciação de músicas tocadas no Pot-Pourri.
* Origem do Pot-Pourri.
* Origem do termo Pot-Pourri.

Unidade Temática: Elementos da Linguagem

Habilidade:

(EF69AR20) Explorar e analisar elementos constitutivos da música (altura, intensidade, timbre, melodia, ritmo etc.), por meio de recursos tecnológicos (*games* e plataformas digitais), jogos, canções e práticas diversas de composição/criação, execução e apreciação musicais.

**Objetivo: tocar e executar os instrumentos musicais de forma precisa e habilidosa**

Conteúdos:

* Habilidades motoras e cognitivas.
* Percepção rítmica.
* Execução musical.
* Posições das notas musicais nos instrumentos.
* Notas musicais.
* Estrutura das notas musicais - acordes.
* Execução musical de duas ou mais peças na forma Pot-Pourri.
* Percepção auditiva na execução das peças sequencialmente.
* Ouvido Pensante.

Unidade Temática: Materialidades

Habilidade:

(EF69AR21) Explorar e analisar fontes e materiais sonoros em práticas de composição/criação, execução e apreciação musical, reconhecendo timbres e características de instrumentos musicais diversos.

Fonte: elaborado pelas autoras

Quadro 30 - Objetivos e Conteúdos propostos para o primeiro trimestre letivo

**Objetivo: tocar e executar a forma musical do Pot-Pourri, observando sua estrutura musical na execução**

Conteúdos:

* Apreciação musical.
* Execução musical de duas ou mais peças na forma Pot-Pourrri.
* Percepção auditiva na execução das peças sequencialmente.
* Ouvido Pensante.

Unidade Temática: Materialidades

Habilidade:
(EF69AR21) Explorar e analisar fontes e materiais sonoros em práticas de composição/criação, execução e apreciação musical, reconhecendo timbres e características de instrumentos musicais diversos.

**Objetivo: compreender a execução conjunta dos diferentes estilos e saber transversalizá-los**

Conteúdos:

* Produção sonora.
* Ampliação de repertório.
* Execução de peças musicais na forma musical Pot-Pourri.
* Percepção auditiva.
* Prática de conjunto instrumental.

Unidade Temática: Música

Habilidade:
(EF69AR19) Identificar e analisar diferentes estilos musicais, contextualizando-os no tempo e no espaço, de modo a aprimorar a capacidade de apreciação da estética musical.

Fonte: elaborado pelas autoras

O desenvolvimento das Propostas Pedagógicas Curriculares apresentadas aos(as) estudantes do nono ano do ensino fundamental — anos finais no primeiro trimestre do ano letivo tem por objetivo aprimorar as práticas e conhecimentos dos(as) estudantes em Música, promovendo um aperfeiçoamento na compreensão rítmica e tonal ao trabalhar a forma musical pot-pourri.

Essa proposição permeia, nesse sentido, a escolha e execução de canções que perpassem estilos musicais, ritmos e tonalidades comuns em diferentes obras, podendo ser executadas duas ou três músicas em sequência, sem intervalos, em forma de pot-pourri. Essa prática é muito utilizada por cantores e/ou bandas populares em seus shows. Por isso, ao promovê-la, o(a) docente envolve os(as) educandos(as) com o fazer musical e desenvolve novas e mais complexas habilidades motoras e auditivas, intensificando as percepções musicais importantes na execução das obras, o que permite fazer as transições entre as canções de forma precisa e harmoniosa.

Permite também aprofundar os conhecimentos quanto às tonalidades musicais maiores e menores, executando, se possível, a harmonia com violões e teclado, dentre outros instrumentos disponíveis para as práticas na escola. Nesse processo, os(as) estudantes não mais serão apenas executores das tonalidades, mas instrumentistas que compreendem a necessidade da harmonia musical e da tonalidade de cada música, podendo, desta forma, tocar diversas obras no mesmo tom, sem a necessidade de paradas.

O ritmo, nessa perspectiva, permite a construção de novas habilidades motoras vinculadas às percepções musicais discentes, oportunizando aos(as) educandos(as) batucadas precisas e transições rítmicas — se necessário — com destreza e musicalidade. Aos instrumentos melódicos fica a incumbência dos prelúdios e interlúdios que auxiliam os instrumentistas na transição das peças executadas por meio do pot-pourri, promovendo competências motoras e auditivas, bem como a observação da posição das notas dentro da tonalidade escolhida para a execução das obras.

Todo esse processo, além de pedagógico, é desafiador para os(as) educandos(as). Porém trabalha na motivação discente e na compreensão da importância da educação musical para as vivências e explorações sonoras de cada um(a), intensificando a ampliação de repertórios e cultivando apreciações musicais de qualidade. Conhecer diferentes formas de executar e de compor obras nos mais variados estilos musicais permite, portanto, a apreensão da composição como possibilidade de novos fazeres em Música aliados com práticas significativas para os(as) estudantes.

Para possibilitar todas as aprendizagens propostas, as seguintes estratégias de ensino e avaliação são sugeridas, pautadas no trabalho desenvolvido com os(as) estudantes de uma escola da Rede Municipal de Ensino de Porto Alegre, RS:

# Quadro 31 - Estratégias de Ensino e Avaliação propostas para o primeiro trimestre letivo

### Conhecer a forma musical do Pot-Pourri, identificando suas características musicais

- Estratégia: trabalho multimídia com explanação das formas musicais do Pot-Pourri; apreciação musical em aula das formas A,B,A,B,C,A. Apreciação em aula das formas musicais do Pot-Pourri: A, B, C, D, E, F...
- Avaliação escrita com as formas musicais do Pot-Pourri; apreciação.

### Tocar e executar os instrumentos musicais de forma precisa e habilidosa

- Estratégia: executar o Pot-Pourri com músicas em sequência, sem parada na transição das canções; utilização de músicas populares para os(as) estudantes.
- Avaliação das habilidades práticas instrumentais dos(as) estudantes.

### Tocar e executar a forma musical do Pot-Pourri observando sua estrutura musical na execução

- Estratégia: executar o Pot-Pourri com músicas em sequência, sem parada na transição das canções; práticas rítmicas com apropriação dos ritmos; Jogos musicais.
- Avaliação da prática e da aprendizagem de ritmos e notas musicais.

### Compreender a execução conjunta dos diferentes estilos e saber transversalizá-los

- Estratégia: prática instrumental do Pot-Pourri tocando diferentes músicas em sequência, sem paradas nas transições musicais.
- Avaliação prática e escrita com os estilos musicais executados.

Fonte: elaborado pelas autoras

Partindo dessas aprendizagens sonoras, propõem-se as Propostas Pedagógicas Curriculares para o nono ano do ensino fundamental voltado ao segundo trimestre letivo. Nestas propostas, serão trabalhadas possibilidades de composição por meio da duração do som e da notação musical utilizando editores de partitura. Confira:

# 4.2 Propostas Pedagógicas Curriculares para o nono ano do ensino fundamental – Segundo trimestre

Quadro 32 - Objetivos e Conteúdos propostos para o segundo trimestre letivo

**Objetivo: compor uma música de sua autoria observando as formas musicais A, B, A, B, C, B**

| Conteúdos: | Unidade Temática: Processos de Criação |
|---|---|
| * Composição musical.<br>* Expressão musical.<br>* Forma musical da música popular.<br>* Melodia.<br>* Jogo de notas musicais. | **Habilidade:**<br>(EF69AR23) Explorar e criar improvisações, composições, arranjos, *jingles*, trilhas sonoras, entre outros, utilizando vozes, sons corporais e/ou instrumentos acústicos ou eletrônicos, convencionais ou não convencionais, expressando ideias musicais de maneira individual, coletiva e colaborativa. |

**Objetivo: utilizar a notação musical como ferramenta de composição observando a duração de cada nota musical**

| Conteúdos: | |
|---|---|
| * Notação Musical.<br>* Duração do som.<br>* Escrita musical em folha pautada compreendendo os tempos de compasso do estilo musical selecionado.<br>* Jogo com as notas musicais.<br>* Observação das durações do som na produção inicial;<br>* Edição na música em editor de partituras.<br>* Gravação da melodia da música em editor de partituras.<br>* Gravação da melodia da composição em diferentes timbres musicais.<br>* Adição de harmonia com o auxílio da professora.<br>* Edição musical. | **Unidade Temática: Notação e Registro Musical**<br><br>**Habilidade:**<br>(EF69AR22) Explorar e identificar diferentes formas de registro musical (notação musical tradicional, partituras criativas e procedimentos da música contemporânea), bem como procedimentos e técnicas de registro em áudio e audiovisual. |

**Objetivo: compor uma melodia utilizando a notação musical observando os tempos de cada compasso rítmico**

| Conteúdos: | |
|---|---|
| * Fórmulas de Compasso Simples: 2/4, 3/4, 4/4.<br>* Estilos musicais.<br>* Jogo com as notas musicais.<br>* Observação das durações do som na produção inicial.<br>* Edição na música em editor de partituras. | **Unidade Temática: Notação e Registro Musical**<br><br>**Habilidade:**<br>(EF69AR22) Explorar e identificar diferentes formas de registro musical (notação musical tradicional, partituras criativas e procedimentos da música contemporânea), bem como procedimentos e técnicas de registro em áudio e audiovisual. |

Fonte: elaborado pelas autoras

# Quadro 33 - Objetivos e Conteúdos propostos para o segundo trimestre letivo

## Objetivo: compor uma letra para sua melodia por meio da escuta perceptiva de sua composição musical

| Conteúdos: | Unidade Temática: Processos de Criação |
|---|---|
| * Composição melódica.<br>* Composição literária.<br>* Apreciação musical com composição da letra.<br>* A importância da escolha do tema da música.<br>* Gravação da música cantada para edição.<br>* Edição musical. | Habilidade:<br>(EF69AR23) Explorar e criar improvisações, composições, arranjos, *jingles*, trilhas sonoras, entre outros, utilizando vozes, sons corporais e/ou instrumentos acústicos ou eletrônicos, convencionais ou não convencionais, expressando ideias musicais de maneira individual, coletiva e colaborativa. |

## Objetivo: produzir uma música por meio da melodia composta em aula, da harmonia e do ritmo

| Conteúdos: | Unidade Temática: Elementos da Linguagem |
|---|---|
| * Edição com batidas rítmicas em diferentes estilos musicais.<br>* Edição na música em editor de partituras.<br>* Gravação da melodia da música em editor de partituras.<br>* Gravação da melodia da composição em diferentes timbres musicais.<br>* Adição de harmonia com o auxílio da professora;<br>* Gravação do material.<br>* Edição musical. | Habilidade:<br>(EF69AR20) Explorar e analisar elementos constitutivos da música (altura, intensidade, timbre, melodia, ritmo etc.), por meio de recursos tecnológicos (*games* e plataformas digitais), jogos, canções e práticas diversas de composição/criação, execução e apreciação musicais. |

## Objetivo: editar sua composição e produzir um CD coletivo para reprodução em outros meios

| Conteúdos: | Unidade Temática: Processos de Criação |
|---|---|
| * Edição musical com efeitos sonoros.<br>* Apreciação musical.<br>* Gravação do CD com as composições dos(as) estudantes.<br>* Mostra dos trabalhos na rádio escolar.<br>* Apresentação das obras para os colegas.<br>* Publicação auditiva. | Habilidade:<br>(EF69AR23) Explorar e criar improvisações, composições, arranjos, *jingles*, trilhas sonoras, entre outros, utilizando vozes, sons corporais e/ou instrumentos acústicos ou eletrônicos, convencionais ou não convencionais, expressando ideias musicais de maneira individual, coletiva e colaborativa. |

Fonte: elaborado pelas autoras

O desenvolvimento das Propostas Pedagógicas Curriculares apresentadas aos(as) estudantes do nono ano do ensino fundamental — anos finais no segundo trimestre do ano letivo permeia a composição por meio da escrita de símbolos musicais de diferentes tempos em uma pauta de música. Deste modo, o(a) professor(a) convida os(as) estudantes a conhecerem as diferentes durações do som, de acordo com os tempos de cada símbolo musical, conforme a Imagem 1, apresentada a seguir:

Imagem 1 - Tempos musicais: Duração do Som

| Nome | Figuras de Som | Figuras de Silêncio | Duração |
|---|---|---|---|
| Semibreve | 𝄻 | | 4 tempos |
| Mínima | | | 2 tempos |
| Semínima | | | 1 tempo |
| Colcheia | | | ½ tempo |
| Semicolcheia | | | ¼ tempo |
| Fusa | | | ⅛ tempo |
| Semifusa | | | 1/16 tempo |

Fonte: tempo Musical: site Passei Direto[3]

Cada símbolo musical descrito anteriormente contempla um valor de tempo em que determinada nota deve ou não ser executada. Propõe-se, então, que os(as) educandos(as) aprendam cada tempo

---

[3] https://www.passeidireto.com/arquivo/95583462/tempo-musical acessado em 05 de novembro de 2023.

representado e os compassos simples binário (2/4), ternário (3/4) e quaternário (4/4). A partir destes conhecimentos, cada estudante poderá definir em que estilo musical irá compor sua música, representando-o por meio dos tempos de compasso. Partindo desta seleção, o(a) professor(a) trabalha a organização temporal da partitura, subdividindo-a em compassos simples de acordo com a escolha de cada aluno(a). Em seguida, propõe que cada estudante explore a partitura musical colocando as notas nas linhas ou nos espaços determinados pelo pentagrama, observando o número de tempo permitidos dentro de cada compasso. Para tanto, poder-se-á utilizar pausas e tempos de compasso simples, da semibreve à semicolcheia, explorando a partitura com muita criatividade.

Este exercício, em seu processo inicial, não trabalha a composição musical de forma auditiva, perceptiva ou prática, mas atua na composição por meio de sua escrita, primeira fase da proposta. Ao trabalhar a escrita com estudantes dos anos finais do ensino fundamental na RMEPOA, observou-se um rico e curioso contexto de aprendizagem, pois os(as) discentes, mesmo sem terem a compreensão da posição de cada nota musical seguiam uma sequência lógica, tornando possível uma rápida identificação da tonalidade.

Com a composição escrita o(a) professor(a) poderá adicionar os acidentes — sustenidos e bemóis — para definir a tonalidade da peça. Em seguida, os(as) estudantes poderão editar suas composições em um editor de partituras utilizando os computadores da escola. Destaca-se, quanto a isso, que passar a composição para um editor musical é primordial neste processo, pois, assim, todos(as) os(as) estudantes poderão ouvir suas obras, editando e modificando notas que não soarem harmoniosas, qualificando-as.

O(a) professor(a), ao auxiliar os(as) educandos(as), será o(a) responsável por adicionar acordes às melodias, dando dicas harmônicas e contribuindo para qualificar o trabalho. Além disso, ao mediar as aprendizagens poderá ensinar os(as) educandos(as) a colocar timbres de diferentes instrumentos, bem como adicionar dinâmicas e velocidade a cada obra, gravando toda parte instrumental em um arquivo de mídia.

A partir desta etapa, os(as) estudantes poderão ser convidados(as) a editar sua música, adicionando batidas rítmicas, efeitos sonoros e uma melodia cantada composta em aula. O trabalho final apresentado por cada estudante constitui um fazer musical inspirado no estilo musical preferido do(a) educando(a) e demonstra seu desempenho nas aulas de Música. Essa obra é fruto do trabalho pedagógico desenvolvido nas aulas ao longo das diferentes etapas de ensino e culminará em um CD coletivo — ou publicação digital — contendo as composições dos(as) estudantes ao final do ensino fundamental.

Esta proposta, contudo, permitirá ao educando(a) compreender que os estudos e as habilidades constituídas por meio das práticas e apreciações musicais ampliaram-se, oportunizando novos fazeres artísticos e desenvolvendo a criatividade e o desempenho tecnológico. Dessa forma, os saberes em música foram conectados com práticas que enriqueceram ainda mais as vivências de cada estudante, permitindo que os(as) discentes produzissem suas próprias obras para mostrar seu trabalho junto à escola.

Estas aprendizagens poderão ser propostas por meio das seguintes estratégias de ensino e avaliação, pautadas no trabalho desenvolvido com os(as) estudantes de uma escola da Rede Municipal de Ensino de Porto Alegre, RS:

# Quadro 34 - Estratégias de Ensino e Avaliação propostas para o segundo trimestre letivo

**Compor uma música de sua autoria observando as formas musicais: A, B, A, B, C, B**

- Estratégia: Trabalhar a escrita musical tradicional com folha pautada. Aprendizagem da escrita da duração do som, observação dos compasso para a escrita da composição. Transcrição da música para um editor de partituras para apreciação.
- Avaliação do processo composicional e da peça por meio da apreciação do trabalho.

**Utilizar a notação musical como ferramenta de composição observando a duração de cada nota**

- Estratégia: escrita musical em folha pautada de acordo com os compasso simples selecionado pelo(a) estudante, passando para o editor de partituras.
- Avaliação da melodia entregue em notação musical, observando durações e tempos.

**Compor uma melodia utilizando a notação musical observando os tempos de cada compasso rítmico**

- Estratégia: escrita musical em folha pautada de acordo com os compasso simples selecionado pelo(a) estudante, passando para o editor de partituras.
- Avaliação da melodia entregue em notação musical, observando durações e tempos.

**Compor uma letra para a melodia por meio da escuta perceptiva de sua composição no editor de partituras**

- Estratégia: utilização do editor de partituras para a gravação de áudios com as melodias compostas, possibilitando a elaboração de letras literárias.
- Avaliação da composição literária, observando tempos e alturas do som corretos.

**Produzir uma música por meio da melodia composta em aula, da harmonia e do ritmo**

- Estratégia: utilização do editor de partituras para a gravação de áudios com as melodias compostas, possibilitando a elaboração de letras literárias.
- Avaliação da composição literária, observando tempos e alturas do som corretos.

**Editar sua composição e produzir um CD coletivo para a reprodução em outros meios**

- Estratégia: utilização do editor de partituras para a gravação de áudios com as melodias compostas, possibilitando a elaboração de uma música completa.
- Avaliação do processo de edição, gravação e publicação musical.

Fonte: elaborado pelas autoras

Partindo dessas aprendizagens sonoras, propõe-se as Propostas Pedagógicas Curriculares para o nono ano do ensino fundamental voltado ao terceiro trimestre letivo.

## 4.3 Propostas Pedagógicas Curriculares para o nono ano do ensino fundamental – Terceiro trimestre

Quadro 35 - Objetivos e Conteúdos propostos para o terceiro trimestre letivo

**Objetivo: conhecer as trilhas sonoras e suas formas de produção artístico-musicais;**

| Conteúdos: | Unidade Temática: Contextos e Práticas |
|---|---|
| * Trilhas sonoras.<br>* Sonoplastia.<br>* Efeitos sonoros.<br>* Formas de produção de trilhas sonoras.<br>* Temas principais.<br>* Dicas de produtores de trilhas sonoras.<br>* Trilhas sonoras de desenhos animados, filmes e séries.<br>* Identidade musical dos(as) alunos(as) em relação às trilhas sonoras. | Habilidades:<br>(EF69AR16) Analisar criticamente, por meio da apreciação musical, usos e funções da música em seus contextos de produção e circulação, relacionando as práticas musicais às diferentes dimensões da vida social, cultural, política, histórica, econômica, estética e ética.<br>(EF69AR17) Explorar e analisar, criticamente, diferentes meios e equipamentos culturais de circulação da música e do conhecimento musical. |

**Objetivo: desenvolver habilidades auditivas por meio da percepção de diferentes sonoplastias e efeitos sonoros característicos do cinema.**

| Conteúdos: | Unidade Temática: Processos de Criação |
|---|---|
| * Apreciação musical.<br>* Efeitos sonoros especiais.<br>* Cinema.<br>* Sonoplastia.<br>* Trilhas sonoras.<br>* Percepção auditiva.<br>* Identidade musical. | Habilidade:<br>(EF69AR23) Explorar e criar improvisações, composições, arranjos, *jingles*, trilhas sonoras, entre outros, utilizando vozes, sons corporais e/ou instrumentos acústicos ou eletrônicos, convencionais ou não convencionais, expressando ideias musicais de maneira individual, coletiva e colaborativa. |

**Objetivo: produzir um arquivo multimídia, utilizando Sonoplastia e Trilhas Sonoras para vídeos de desenho animado, cenas de filmes ou séries e adaptando-os para suas formas individuais de percepção sonoro-cinematográfica**

| Conteúdos: | Unidade Temática: Processos de Criação |
|---|---|
| * Produção multimídia.<br>* Edição de cenas de vídeos produzidos em filmes, desenhos animados ou séries.<br>* Edição e adaptação dos efeitos sonoros.<br>* Releitura das obras. | Habilidade:<br>(EF69AR23) Explorar e criar improvisações, composições, arranjos, *jingles*, trilhas sonoras, entre outros, utilizando vozes, sons corporais e/ou instrumentos acústicos ou eletrônicos, convencionais ou não convencionais, expressando ideias musicais de maneira individual, coletiva e colaborativa. |

Fonte: elaborado pelas autoras

PROPOSTAS PEDAGÓGICAS PARA O ENSINO DE MÚSICA NA EDUCAÇÃO BÁSICA

# Quadro 36 - Objetivos e Conteúdos propostos para o terceiro trimestre letivo

**Objetivo: tocar e executar músicas com os diferentes instrumentos musicais disponíveis na escola**

| Conteúdos: | Unidade Temática: Materialidades |
|---|---|
| * Prática de conjunto instrumental.<br>* Notas musicais.<br>* Aplicação das notas musicais nas práticas com instrumentos.<br>* Ritmos e melodias.<br>* Canto de músicas populares no Brasil. | Habilidade:<br>(EF69AR21) Explorar e analisar fontes e materiais sonoros em práticas de composição/criação, execução e apreciação musical, reconhecendo timbres e características de instrumentos musicais diversos. |

**Objetivo: desenvolver habilidades motoro-cognitivas a partir da prática de conjunto instrumental**

| Conteúdos: | Unidade Temática: Materialidades |
|---|---|
| * Habilidades motoras.<br>* Habilidades cognitivas.<br>* Prática de conjunto instrumental. | Habilidade:<br>(EF69AR21) Explorar e analisar fontes e materiais sonoros em práticas de composição/criação, execução e apreciação musical, reconhecendo timbres e características de instrumentos musicais diversos. |

**Objetivo: praticar as músicas coletivamente, promovendo escutas sensíveis e a percepção sonora das práticas instrumentais dos colegas, compreendendo a acústica do grupo**

| Conteúdos: | Unidade Temática: Elementos da Linguagem |
|---|---|
| * Prática de conjunto coletiva.<br>* Apreciação musical.<br>* Percepção auditiva.<br>* Ouvido Pensante. | Habilidade:<br>(EF69AR20) Explorar e analisar elementos constitutivos da música (altura, intensidade, timbre, melodia, ritmo etc.), por meio de recursos tecnológicos (*games* e plataformas digitais), jogos, canções e práticas diversas de composição/criação, execução e apreciação musicais. |

Fonte: elaborado pelas autoras

O desenvolvimento das Propostas Pedagógicas Curriculares apresentadas aos(as) estudantes do nono ano do ensino fundamental — anos finais no terceiro trimestre do ano letivo atuam na criação e produção de sonoplastias para trechos de vídeos, de filmes, séries, novelas, desenhos animados, animes, entre outros, promovendo a inserção de estudantes na produção de mídias digitais e conteúdos voltados à sétima arte. A definição destas propostas se deu pelo crescimento da oferta de trabalhos na área de sonoplastia, bem como dublagem e composição de trilhas sonoras, material que se tornou mais acessível a todos os públicos. Assim, os(as) educandos(as) poderão conhecer as formas de produção do cinema, criando diferentes conteúdos e/ou falas e compreendendo a significativa contribuição sonora para a arte mundial.

Para o desenvolvimento desse trabalho pedagógico, é importante disponibilizar aos estudantes diversos efeitos sonoros e um editor de vídeos em que serão inseridos os sons. Nesse sentido, cada estudante — sozinho ou em dupla — poderá selecionar uma cena cinematográfica para explorar. O(a) professor(a), neste processo, pode auxiliar os(as) discentes a procurar a melhor resolução, baixar os arquivos e inserir o material no editor, silenciando os vídeos para iniciar a criação do trabalho final.

Para melhor desenvolver o trabalho, poder-se-á utilizar efeitos sonoros previamente disponibilizados aos(as) estudantes, tais como aplausos, choro de bebê, sons de meios de transporte, vinhetas, sons do meio ambiente, de animais, entre outros, auxiliando os(as) educandos(as) em suas criações. Todavia, também é importante que os(as) discentes produzam a sonoplastia que desejarem utilizar, gravando sons e dublagens para enriquecer seus trabalhos.

Ao promover essas criações, o(a) docente poderá inserir os(as) estudantes no universo do cinema e da promoção de conteúdos digitais muito presentes nas vivências dos(as) educandos(as) por meio do Facebook, do Instagram, do YouTube e do TikTok, fazendo-os(as) desenvolver criticidades quanto aos conteúdos que assistem. Além disso, promoverá apreciações musicais mais aguçadas e atuará na inserção dos(as) jovens no mercado de trabalho por meio da promoção de experiências sonoro-digitais. Deste modo, propõe-se que, ao final do trabalho, os(as) discentes assistam os trabalhos desenvolvidos pelos(as) colegas, visualizando a obra original e posteriormente a sonoplastia criada em aula, oportunizando novas percepções sobre o trabalho cênico e suas sonoridades e cultivando nos(as) estudantes percepções auditivas mais qualificadas.

Para possibilitar esta proposta, as seguintes estratégias de ensino e avaliação são sugeridas, pautadas no trabalho desenvolvido com os(as) estudantes de uma escola da Rede Municipal de Ensino de Porto Alegre, RS:

## Quadro 37 - Estratégias de Ensino e Avaliação propostas para o terceiro trimestre letivo

**Tocar e executar músicas com diferentes instrumentos musicais disponíveis na escola**

- Estratégia: trabalhar as habilidades prático-instrumentais antes de iniciar as produções áudiovisuais com o trabalho de trilhas sonoras, Podem-se executar temas de trilhas sonoras de filmes, séries ou desenhos animados.
- Avaliação das práticas instrumentais e suas apropriações motoras e cognitivas.

**Desenvolver habilidades motoro-cognitivas a partir da prática de conjunto instrumental**

- Estratégia: trabalhar as habilidades prático-instrumentais, ampliando as habilidades dos(as) estudantes.
- Avaliação das práticas instrumentais e suas apropriações motoras e cognitivas.

**Praticar as músicas coletivamente promovendo percepções auditivas quanto à acústica do grupo**

- Estratégia: utilizar os instrumentos para trabalhar as habilidades práticas, ampliando as habilidades dos(as) estudantes e desenvolvendo percepções auditivas.
- Avaliação do processo de aprendizagem instrumental e perceptivo-auditiva.

**Conhecer as trilhas sonoras e suas formas de produção artístico-musicais**

- Estratégia: utilizar arquivos áudiovisuais trazendo exemplos e relatos de formas de produção e edição de trilhas sonoras de filmes, séries e/ou desenhos animados.
- Avaliação das percepções áudiovisuais trabalhadas e sua utilização em aula.

**Desenvolver habilidades auditivas por meio de diferentes sonoplastias e efeitos sonoros cinematográficos**

- Estratégia: trabalhar a sonoplastia e os efeitos dela nas produções áudiovisuais; exemplificar com produções de alunos(as), instigando-os(as) a produzir o seu.
- Avaliação do processo de criação e edição de sonoplastias e trilhas sonoras.

**Produzir um trabalho de sonoplastia e trilhas sonoras de vídeos conhecidos, adaptando-os nas criações individuais**

- Estratégia: trabalhar com a produção de sonoplastias de trilhas sonoras de vídeos conhecidos e selecionados pelos(as) estudantes para a criação de novas sonoridades.
- Avaliação do processo de criação e edição de sonoplastias e trilhas sonoras.

Fonte: elaborado pelas autoras

Partindo dessas aprendizagens sonoras, propôs-se as Propostas Pedagógicas Curriculares para o nono ano do ensino fundamental voltado ao terceiro trimestre letivo. Nestas propostas, poderão ser ampliadas as habilidades auditivas e digitais dos(as) estudantes, aumentando suas competências e ampliando suas habilidades tecnológicas e musicais.

Destaca-se, contudo, que as proposições apresentadas compreendem, sobretudo, a ampliação da musicalidade dos(as) educandos(as) frente a novas descobertas musicais. Entretanto, também inserem-nos(as) na utilização das sonoridades nos conteúdos que mais acessam, oportunizando um desenvolvimento musical mais elaborado.

Todas as propostas trazidas para serem implementadas com estudantes do nono ano do ensino fundamental - anos finais trazem consigo aprimoramentos de práticas prévias, contemplando um aprofundamento de saberes. Por isso, aponta-se que não podem ser conhecimentos trabalhados de forma unilateral, necessitando do desenvolvimento pedagógico para proporcionar aprendizagem em Música.

Deste modo, dispõe-se que os conhecimentos trabalhados nesta etapa de ensino podem ser aprofundados também no ensino médio, visto que a educação musical está presente em toda a educação básica. Cabe ao(a) professor(a) identificar se o grupo de estudantes está preparado para produzir as aprendizagens por meio destas metodologias. Cada grupo de educandos(as), cada instituição de ensino e cada educador(a) deve analisar a realidade da escola e as motivações dos(as) estudantes para o desenvolvimento destas atividades musicais, visando identificar as reais possibilidades de trabalho dentro da escola.

Propõe-se, assim, a construção de estratégias de ensino que potencializem as atividades musicais nos tempos e espaços escolares e aumentem a motivação discente para aprender música em sala de aula (ERTEL, 2023), preparando-os(as) para desenvolver habilidades e saberes musicais e fazer com que estes potencializem suas vivências diárias, inferindo significados às práticas. Assim, poder-se-á construir novos caminhos de aprendizagem e qualificar o espaço conquistado pela educação musical no ensino escolar.

# AS PROPOSTAS ENQUANTO PRÁTICAS DE ENSINO

Ao tratar destas Propostas Pedagógicas Curriculares, apresentaram-se atividades e práticas musicais que atuam na motivação e na aprendizagem de estudantes dos anos finais do ensino fundamental. As atividades configuram-se em práticas de ensino musical que, ao serem desenvolvidas com discentes de escolas de educação básica, podem constituir aprendizagens significativas e permanentes, especialmente em se tratando de habilidades motoras e percepções auditivas.

Elenca-se, assim, temáticas a serem implementadas nas aulas de Arte inseridas no componente curricular Música e voltadas à atuação em instituições públicas e/ou privadas de todo o país por um(a) profissional especializado(a) e/ou preparado(a) para desenvolver estes conhecimentos. Destaca-se a importância deste(a) profissional especializado(a) para poder construir habilidades musicais de qualidade sonora, constituindo práticas musicais afinadas, ritmadas e harmoniosas, que desenvolvam um ouvido apurado musicalmente.

É primordial, com isso, que as escolas tenham professores(as) licenciados(as) em Música em seus quadros de trabalho, visto que, mesmo que tenham vontade de trabalhar conceitos musicais, profissionais de outras áreas artísticas não dispõe de preparação musical suficiente para trabalhar todas essas propostas de ensino junto aos(as) estudantes.

Quanto a isso, muitos foram os movimentos educacionais realizados para a real implementação do ensino de Música na escola. Reitera-se que, a partir de 1970, os caminhos pedagógicos brasileiros em se tratando do ensino de Arte se configuraram em licenciaturas ditas polivalentes, como a graduação em Educação Artística ou em Belas Artes, ofertadas em grande parte das instituições de ensino superior a partir da implementação da Lei 5.692/71 (BRASIL, 1971). No entanto, conforme pesquisas realizadas por Penna (2002), não há profissionais habilitados(as) para atuar de forma polivalente (PENNA, 2002), pois os cursos de licenciatura não comportam todas as habilidades e competências necessárias para a atuação profissional nas diferentes áreas de conhecimento artístico.

A partir de então, o ensino de música se fez presente na legislação brasileira, fazendo parte, ainda, da Lei 9.394/96 que instituiu no componente curricular Educação Artística os ensinos de Música, Teatro, Dança e Artes Visuais (BRASIL, 1996). Neste processo, os(as) professores(as) de música começaram a se engajar ainda mais nas atividades musicais escolares, permeando novos espaços de ensino e contemplando não mais somente o ensino conservatorial de instrumentos musicais, mas também as habilidades sonoras.

Com efeito, devido ao número reduzido de profissionais habilitados(as) para trabalhar com Música nas escolas, e com a busca pela obrigatoriedade da educação musical nas instituições de ensino, foi promulgada a Lei 11.769, de 2008, que tornou a Música um componente curricular obrigatório mas não exclusivo dentro da disciplina de Arte (BRASIL, 2008), não sendo necessária a atuação de um(a) professor(a) especialista.

A disposição da referida lei vem transformando a realidade das escolas públicas, ampliando o incentivo à Arte e às produções artístico-musicais e contribuindo para a entrada dos(as) professores(as) de Música nas escolas públicas, intensificando oportunidades de crescimento das suas áreas de atuação e contemplando especificidades inerentes à educação musical. Entretanto, pesquisas realizadas sobre a presença da Música na escola constataram que o ensino de Música ainda não se apresenta como obrigatório no currículo escolar, configurando-se em um componente curricular da disciplina de Arte (DEL BEN, 2005; DINIZ, 2005; PENNA, 2002; SANTOS, 2005; SOUZA et al., 2002; ERTEL; WOLFFENBÜTTEL, 2013; WOLFFENBÜTTEL; ERTEL; SOUZA, 2016).

Desta forma, estabelecem-se propostas curriculares e atividades musicais a serem desenvolvidas dentro das possibilidades que cada instituição de ensino comporta, desde a formação e o perfil de atuação dos(as) professores(as) ao material a ser utilizado nas práticas, o tempo destinado as aulas de Arte e a estrutura física de cada espaço de ensino.

Estes e outros quesitos determinantes necessitarão ser pensados para o desenvolvimento destas Propostas Pedagógicas Curriculares, que tem por base a exploração sonoro-instrumental e vocal, contemplando práticas tecnológicas e diferentes finalidades sonoras. Contar com um(a) professor(a) de Música ou mesmo com instrumentos musicais a disposição da escola não é sinônimo de um trabalho musical concreto e, especialmente, de apresentações de Natal. Implementar aulas de Música na escola demanda, sobretudo, o engajamento de toda a comunidade escolar, visto que música é som e sua sonoridade ecoará pelos seus tempos e espaços.

Você, professor(a), desta forma, será o elo que oportunizará à educação musical uma constituição enquanto área de conhecimento com importância reconhecida dentro dos espaços da escola, trazendo significados para as aulas de Música e tornando-as ainda mais atrativas para os(as) discentes, promovendo apropriações. A música deixará de ser vista, assim, apenas como um hobby ou um entretenimento, passando a ser compreendida em sua produção, criação e composição sonora, conhecendo suas técnicas de execução e potencialidades.

Por isso, apresentaram-se, aqui, propostas pedagógicas curriculares que atendam as demandas de cada etapa da educação básica contemplando a especificidade dos anos finais do ensino fundamental. A base destas propostas versa sobre a compreensão e a divisão da música em três importantes vertentes: melodia, harmonia e ritmo. Deste modo, quando os(as) estudantes iniciam seus estudos musicais nos anos finais, mas especificamente no sexto ano do ensino fundamental, é importante que os(as) educandos(as) compreendem como a música é produzida e quais as possibilidades instrumentais que podem desenvolver.

Partindo destes conhecimentos, os(as) discentes são convidados(as) a aprender a executar o instrumento musical que selecionarem, podendo compreender, por meio da percepção sonora, em que momento devem se inserir na prática e/ou quando é necessário executar cada nota musical ou batida rítmica. Essas práticas em música, quer sejam as primeiras a serem realizadas pelos(as) estudantes ou não, devem ser aprimoradas em cada aula por meio do estudo das propriedades do som: altura, timbre, intensidade e duração. Cada um destes parâmetros de medida sonora permitirá aos(as) educandos(as) aperfeiçoar suas produções musicais, guiando-os(as) para possibilitar práticas coletivas.

Outro destaque das propostas para aulas de música do sexto ano permeia a tecnologia aplicada por meio da produção, edição e gravação de programas de rádio escolar. Esta atividade aprimora a compreensão auditiva dos(as) estudantes e permite que eles(as) se utilizem de produções musicais e efeitos sonoros na criação de propostas inovadoras que ampliem não somente o seu repertório musical, mas o de toda a escola.

A partir dos programas, será possível identificar junto aos(as) estudantes quais os estilos musicais que mais gostam e o quanto os(as) discentes estão apropriados(as) deles, promovendo um olhar para suas preferências musicais. Com este trabalho, o(a) professor(a) poderá definir o estilo musical a ser trabalhado no sétimo ano do ensino fundamental, sendo utilizados nestas Propostas Pedagógicas Curriculares os estilos musicais do Funk e do Rap, os mais ouvidos pelos(as) estudantes analisados(as).

Por meio desta análise, o(a) educador(a) promoverá imersões dos(as) estudantes no universo desses estilos musicais, construindo conhecimentos acerca do surgimento de cada estilo e da cultura do local de origem, suas simbologias artístico-visuais e musicais, potencializando seu movimento enquanto arte. Esta apropriação dos estilos musicais mais presentes nas vivências e explorações dos(as) estudantes permitirá percepções sobre as questões sociais e os (pre) conceitos que perpassam as canções apreciadas na comunidade em que a escola está inserida, incentivando o pensamento crítico-social.

Por meio da prática e da proposta de trabalho com estes estilos musicais, a execução vocal torna-se uma importante via de criação e composição de Funks e Raps, intensificando as práticas melódicas junto as execuções instrumentais coletivas. Assim, propõe-se que no oitavo ano do ensino fundamental os(as) estudantes possam aprimorar sua afinação e seus cuidados com a voz, sendo introduzidos ao conhecimento dos diferentes timbres e tessituras vocais de cada discente.

Nesta etapa da educação básica os(as) educandos(as) passam a explorar os diferentes timbres vocais por meio de jogos de karaokê e programas de mixagem, brincando e promovendo experiências vocais entre os colegas nas mais diversas músicas. Amplia-se, deste modo, as concepções dos(as) discentes sobre seu próprio corpo e sobre os talentos musicais dos(as) colegas, formando um espaço de autoconhecimento vocal e de práticas inovadoras e divertidas.

A mixagem, neste contexto, permite aos(as) estudantes elaborar as músicas que executam por meio das práticas vocais, mixando obras com a utilização de *playbacks*. Também amplia as habilidades auditivas e permite que os(as) educandos(as) encontrem possibilidades de práticas sonoras por meio de jogos de mixagem on-line em computadores e celulares, aprendendo um pouco do ofício dos produtores e intérpretes de música eletrônica: os DJs. Por meio das explorações eletrônicas, os(as) estudantes podem, ainda, qualificar a utilização de efeitos sonoros nos trabalhos diversos, produzindo-os.

A produção e a apreensão das diferentes possibilidades de efeitos sonoros oportunizará aos(as) discentes a elaboração de releituras — mixadas ou não — de peças musicais, criando novas percepções sobre uma mesma obra ou estilo musical. Além disso, possibilitará que os(as) educandos(as) consigam determinar marcações rítmicas com maior facilidade, permitindo que as práticas instrumentais sejam mais qualificadas.

Esse desenvolvimento auditivo mais apurado se fará presente no nono ano do ensino fundamental — anos finais, em que serão promovidas práticas músico-instrumentais por meio de execuções de pot-pourri com composições selecionadas pelos(as) discentes. Nesse processo, as práticas instrumentais permeiam a audição de uma forma mais precisa e determinante, sendo necessária a integração e a escuta atenta de todos(as) os(as) estudantes durante as práticas. Integram-se nesta prática as competências e habilidades musicais trabalhadas no decorrer de todo o ensino fundamental — anos finais, intensificando os conhecimentos musicais ao compreender práticas vocais, rítmicas e instrumentais em uma única tonalidade, formando estudantes musicalmente mais competentes.

As Propostas Pedagógicas Curriculares apresentadas nesta obra, portanto, direciona professores(as) de todo país a apropriarem-se do contexto educacional de seus(as) estudantes, bem como suas caminhadas em educação musical, construindo espaços de troca e aprendizagem. As atividades musicais aqui propostas envolvem práticas coletivas e individuais, em que cada execução e produção musical dos(as) educandos(as) qualifica o trabalho musical coletivo.

Conclui-se, contudo, que, apesar do trabalho pedagógico-musical se dar de diferentes formas para cada estudante, para cada turma e em cada instituição de ensino, o(a) professor(a), as propostas curriculares desenvolvidas e sua metodologia de trabalho promoverão competências e habilidades em música para todos(as) os(as) discentes, oportunizando aos(as) educandos(as) e a toda a comunidade escolar espaços de ampliação de repertórios e aprendizagens musicais significativas.

Faz-se necessário, desta forma, implementar atividades musicais que fomentem práticas de ensino por meio de espaços de execução instrumental, composição, criação e exploração sonora, despertando o interesse e a curiosidade dos(as) discentes e motivando-os(as) a construir habilidades musicais. Por meio destas e outras propostas pedagógicas, poder-se-á promover aprendizagens musicais escolares constituindo estudantes engajados(as) nas práticas coletivas, sociais e culturais, compreendendo o papel da música nas suas vivências e tonando os tempos e espaços de produção de conhecimento mais qualificados. Assim, a educação musical desempenhará suas funções junto à educação básica de todo o país.

# REFERÊNCIAS

BORUCHOVITCH, Evely; BZUNECK, José Aloyseo (org.). *A motivação do aluno:* contribuições da Psicologia Contemporânea. 4. ed. Petrópolis: Editora Vozes, 2009.

BRASIL. *Base Nacional Comum Curricular.* Brasília: 2018. Disponível em: http://basenacionalcomum.mec.gov.br/images/BNCC_EI_EF_110518_versaofinal_site.pdf. Acesso em: 1 out. 2022.

BRASIL. *Lei de Diretrizes e Bases da Educação Nacional n.º 11769/08.* Brasília: 2008.

BRASIL. *Lei de Diretrizes e Bases da Educação Nacional n.º 13278/16.* Brasília: 2016.

BRASIL. *Lei de Diretrizes e Bases da Educação Nacional n.º 5692/71.* Brasília: 1971.

BRASIL. *Lei de Diretrizes e Bases da Educação Nacional n.º 9394/96.* Brasília: 1996.

DAYRELL, Juarez. *A música entra em cena:* o rap e o funk na socialização da juventude. São Paulo: Editora UFMG, 2005.

DEL BEN, Luciana. Um estudo com escolas da rede estadual de ensino básico de Porto Alegre-RS: subsídios para a elaboração de políticas de educação musical. *Relatório de Pesquisa.* Universidade Federal do Rio Grande do Sul, Instituto de Artes, Departamento de Música. Porto Alegre, agosto, 2005.

DINIZ, Lélia Negrini. *Música na educação infantil:* um survey com professoras da rede municipal de ensino de Porto Alegre - RS. 2005. Dissertação (Mestrado em Música) – Programa de Pós-Graduação Mestrado e Doutorado em Música, Instituto de Artes, Universidade Federal do Rio Grande do Sul, Porto Alegre, 2005.

ERTEL, Daniele I.; WOLFFENBUTTEL, Cristina R. A educação musical nas escolas do Rio Grande do Sul: uma investigação em escolas públicas de educação básica. *Anais do 21° Congresso Nacional da Associação Brasileira de Educação Musical - ABEM.* João Pessoa: Editora da UFPB, 2013. v. 21. p. 73-86.

ERTEL, Daniele Isabel. *Como assim, professor de música?* Um estudo de caso sobre a formação e atuação de duas professoras que atuam com música em escolas públicas. Curitiba: Editora Appris, 2020.

ERTEL, Daniele Isabel. *Motivações de estudantes para a aprendizagem musical escolar.* Curitiba: Editora Appris, 2023.

FREIRE, Paulo. Pedagogia da autonomia: saberes necessários à prática educativa. São Paulo: Paz e Terra, 1996.

JONES, Brett D.; SIGMON, Miranda L. Validation Evidence for the Elementary School Version of the MUSIC Model of Academic Motivation Inventory. *Electronic Journal of Research in Educational Psychology*, Espanha, v. 14, n. 1, p. 155-174, 2016.

JONES, Brett D.; SKAGGS, Gary. Measuring Students' Motivation: Validity Evidence for the MUSIC Model of Academic motivation Inventory. *International Journal for the Scholarship of Teaching and Learning*, Georgia, Estados Unidos, v. 10, n. 1, p. 1-9, jan. 2016.

JONES, Brett. D. Motivating Students to Engage in Learning: The MUSIC Model of Academic Motivation. *International Journal of Teaching and Learning in Higher Education*, Estados Unidos, v. 21, n. 2, p. 272-285, 2009.

JONES, Brett. D. *User guide for assessing the components of the MUSIC Model of Motivation*, [s. l.] 2017. Disponível em: http://www.theMUSICmodel. com. Acesso em: 10 fev. 2019.

KRAEMER, Rudolf-Dieter. Dimensões e funções do conhecimento pedagógico-musical. Tradução de Jusamara Souza. *Em Pauta*: Revista do Programa de Pós-Graduação em Música da Universidade Federal do Rio Grande do Sul, v. 11, n. 16/17, p. 50-75, abr./nov. 2000.

LEÃO, Andreza Marques de Castro. A (des)motivação extrínseca no contexto escolar: análise de um estudo de caso. *Revista Ibero-Americana de Estudos em Educação*, Araraquara, São Paulo, v. 6, n. 1, p. 118-136, 2011.

LINO, Dulcimarta Lemos. Barulhar: a música das culturas infantis. *Revista da ABEM*, Porto Alegre, v. 24, 81-88, set. 2010.

MATEIRO, Teresa. ILARI, Beatriz (org.) *Pedagogias em educação musical.* Curitiba: InterSaberes, 2012.

PARKES, Kelly A.; JONES, Brett. D.; WILKINS, Jesse L. M. Assessing Music Students' Motivation Using the MUSIC Model of Academic Motivation Inventory. *National Association for Music Education*, v. 35, n. 3, p. 16-22, 2017.

PENNA, Maura. Professores de música nas escolas públicas de ensino fundamental e médio: uma ausência significativa. *Revista da ABEM*, Porto Alegre, v. 7, p. 7-19, set. 2002.

PORTO ALEGRE. Secretaria Municipal de Educação. *Cadernos pedagógicos* n.º 9: ciclos de formação, proposta político-pedagógica da escola cidadã. Porto Alegre: Prefeitura Municipal de Porto Alegre, Secretaria Municipal de Educação, 2003.

PORTO ALEGRE. Secretaria Municipal de Educação. *Cadernos pedagógicos* n.º 9: ciclos de formação, proposta político-pedagógica da escola cidadã. Porto Alegre: Prefeitura Municipal de Porto Alegre, Secretaria Municipal de Educação, 2001.

PORTO ALEGRE. Secretaria Municipal de Educação. *Cadernos pedagógicos* n.º 9: ciclos de formação, proposta político-pedagógica da escola cidadã. Porto Alegre: Prefeitura Municipal de Porto Alegre, Secretaria Municipal de Educação, 1999.

PORTO ALEGRE. Secretaria Municipal de Educação. *Cadernos pedagógicos* n.º 9: ciclos de formação, proposta político-pedagógica da escola cidadã. Porto Alegre: Prefeitura Municipal de Porto Alegre, Secretaria Municipal de Educação, 1996.

SANTOS, Regina Marcia Simão. Música, a realidade nas escolas e políticas de formação. *Revista da ABEM*, Porto Alegre, v. 12, p. 49-56, mar. 2005.

SCHAFER, Murray. *O Ouvido Pensante*. Tradução de Marisa Trench de O. Fonterrada, Magda R. Gomes da Silva e Maria Lúcia Pascoal. São Paulo: Fundação Editora da Unesp, 1991.

SOUZA, Jusamara *et al*. A música na escola. *In*: SOUZA, Jusamara *et al. O que faz a música na escola?* Concepções e vivências de professores do ensino fundamental. Série Estudos. Porto Alegre, novembro, 2002.

SWANWICK, Keith. *A Basic for Music Education*. London: Nfer, 1979.

SWANWICK, Keith. *Ensinando música musicalmente*. Tradução de Alda Oliveira e Cristina Tourinho. São Paulo: Editora Moderna, 2003.

WOLFFENBÜTTEL, Cristina Rolim. *A inserção da música em projetos político pedagógicos da educação básica*. Curitiba: Editora Prismas, 2014.

WOLFFENBÜTTEL, Cristina Rolim; ERTEL, Daniele Isabel. A inserção da música em escolas públicas dos municípios do Vale do Caí, RS. *Revista da Fundarte,* ano 14, n. 27, jan.-jun., 2014.

WOLFFENBÜTTEL, Cristina Rolim; ERTEL, Daniele Isabel; SOUZA, Jusamara Vieira. Música nas escolas: uma investigação sobre a implementação nos municípios do Rio Grande do Sul. *Revista Música Hodie*, Goiânia, v. 16, n.1, 2016, p. 165-183, 2016.